# Kognitive
## Verhaltenstherapie

Grundprinzipien und angewandte Techniken zur Bewältigung von Angststörungen, Wut, Stress und Depressionen.

Greta Müller

"In der Dunkelheit der Herausforderungen und Unsicherheiten finden wir das Licht des Selbstvertrauens und der Stärke, um unseren eigenen Weg zu erleuchten."

"Ich werde niemandem erlauben, mit schmutzigen Schuhen in meinen Geist zu spazieren." - Mahatma Gandhi

# Greta Müller



Rechtlicher Hinweis
Die Informationen in diesem Buch und deren Inhalte sind nicht als Ersatz für
jegliche Form von medizinischer oder professioneller Beratung gedacht und
sollen nicht die Notwendigkeit für medizinische, finanzielle, rechtliche oder
andere Meinungen oder Dienstleistungen ersetzen, die möglicherweise
erforderlich sind. Der Inhalt und die Informationen in diesem Buch dienen
ausschließlich Bildungs- und Freizeitzwecken.

Der Inhalt und die Informationen in diesem Buch wurden aus Quellen
zusammengetragen, von denen angenommen wird, dass sie verlässlich sind, und
entsprechen nach bestem Wissen, Informationen und Überzeugungen des Autors
der Wahrheit. Der Autor kann jedoch nicht für deren Genauigkeit und Gültigkeit
garantieren und ist daher nicht für Fehler und/oder Auslassungen verantwortlich
zu machen. Darüber hinaus werden in diesem Buch bei Bedarf regelmäßige
Änderungen vorgenommen. Wenn es angebracht und/oder notwendig ist, sollten
Sie vor der Anwendung von in diesem Buch vorgeschlagenen Mitteln, Techniken
und/oder Informationen einen Fachmann (einschließlich, aber nicht beschränkt
auf Ihren Arzt, Anwalt, Finanzberater oder einen anderen Fachmann)
konsultieren.

Durch die Verwendung des Inhalts und der Informationen in diesem Buch
erklären Sie sich bereit, den Autor von allen Schäden, Kosten und Ausgaben,
einschließlich Anwaltsgebühren, freizustellen, die aus der Anwendung von
Informationen in diesem Buch resultieren können. Diese Warnung gilt für jeden
Verlust, Schaden oder Verletzung, der durch die Anwendung des Inhalts dieses
Buches, direkt oder indirekt, bei Vertragsbruch, Fahrlässigkeit,
Personenschaden, vorsätzliche Straftat oder unter anderen Umständen
verursacht wird.

Sie erklären sich bereit, alle Risiken zu akzeptieren, die sich aus der Verwendung
der in diesem Buch präsentierten Informationen ergeben.

Sie stimmen zu, dass Sie beim Weiterlesen dieses Buches, wenn es angebracht
und/oder notwendig ist, einen Fachmann (einschließlich, aber nicht beschränkt
auf Ihren Arzt, Anwalt, Finanzberater oder einen anderen Fachmann)
konsultieren werden.

# Inhalt

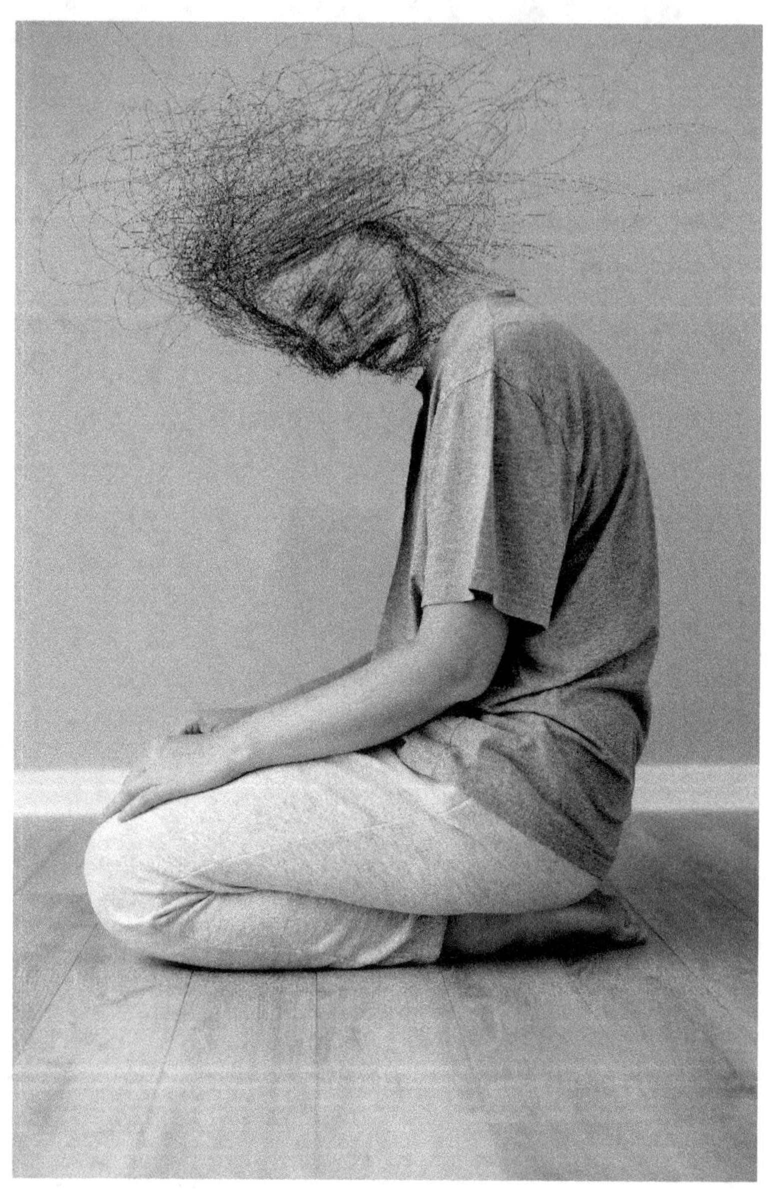

# Einführung

Depression tritt bei Frauen häufiger auf als bei Männern und ist das direkte Ergebnis anhaltender Gedanken. Die Art und Weise, wie sie sich äußert, kann je nach Alter und Geschlecht der Person variieren. Bei Männern können sich Symptome wie Müdigkeit, Reizbarkeit und manchmal Wut zeigen. Männer neigen dazu, sich impulsiver zu verhalten, wenn sie depressiv sind, wie durch Drogen- oder Alkoholmissbrauch erkennbar. Diese Verhaltensweisen können oft als männlich angesehen werden, weshalb Männer weniger wahrscheinlich sind, Depressionen zu erkennen, und weniger bereit sind, Hilfe oder Behandlung zu suchen.

Depressive Frauen neigen eher dazu, traurig zu wirken und tiefe Gefühle der Wertlosigkeit und Schuld zu empfinden. Sie können zögern, an sozialen Aktivitäten teilzunehmen oder sich mit anderen, auch mit nahestehenden Menschen, zu engagieren. Selbst bei Kindern äußert sich Depression anders. Kleine Kinder können sich weigern, zur Schule zu gehen oder Anzeichen von Trennungsangst zeigen, wenn sich ihre Eltern trennen. Jugendliche neigen dazu, gereizter und unausgeglichener zu sein und geraten oft in Schwierigkeiten in der Schule. In extremen Fällen können Anzeichen von Essstörungen oder Drogenmissbrauch auftreten.

# Was ist Angst?

Eng verbunden mit Depression ist Angst, die auf verschiedene Arten auftreten kann. Leichte Angst kann sich durch Schmetterlinge im Bauch vor einem wichtigen Ereignis, Sorgen um das Einhalten von Fristen oder Nervosität vor einer schon lange geplanten Veranstaltung manifestieren. Für die meisten Menschen ist es ausreichend, mit Angst umzugehen. Es ist ein normaler Teil des Lebens. Es gibt jedoch einige Arten von Angst, die von der Norm abweichen. Einige Ängste können zu übermäßigen und irrationalen Phobien führen (Spinnen, Schlangen, Flugzeuge usw.). Viele Menschen haben Angst vor Schlangen, obwohl sie nie mit einer in Kontakt gekommen sind. Andere fürchten Hunde, obwohl sie keine schlechten Erfahrungen mit ihnen gemacht haben. Diese Art von Angst kann leicht zu einer Angststörung werden.

Um normale Angst von einer Angststörung zu unterscheiden, ist es zunächst wichtig, die Ursache der Angst genau zu prüfen. Dann betrachtet man die instinktive Reaktion auf diese Furcht. Wenn das Verhalten als realistisch angesehen wird, handelt es sich wahrscheinlich um "normale" Angst. Wenn die Reaktion jedoch so extrem ist, dass sie das normale Leben stört, könnte sie als Angststörung klassifiziert werden.

Zum Beispiel kann man Angst davor haben, krank zu werden, und ergreift Maßnahmen zur Verhinderung von Krankheiten. Man verwendet Handdesinfektionsmittel, wäscht sich regelmäßig die Hände oder vermeidet sogar das Händeschütteln in der Öffentlichkeit. Dies ist eine normale Form von Angst. Wenn jedoch die Angst, krank zu werden, so stark ist, dass man das Haus nicht verlassen möchte oder sich ständig wäscht und reinigt, könnte man eine Angststörung haben.

Es gibt verschiedene Arten von Angststörungen, und für diejenigen, die mit den Symptomen kämpfen, kann die Kognitive Verhaltenstherapie eine Lösung sein. Diese Methode hilft den Patienten dabei, den Denkprozess zu identifizieren, der die Angst auslöst, und kann die beste Lösung für das Problem sein.

## Wie kann KVT helfen?

Durch das Erlernen der Techniken der können Menschen mit Angst- oder Depressionssymptomen lernen, ihre Ängste und die damit verbundenen Verhaltensweisen zu kontrollieren. Das Programm wird dazu beitragen, klare Ziele zu setzen, sie dabei unterstützen, die Gedanken zu identifizieren, die den Prozess auslösen, und ihnen Abwehrmechanismen zur Bekämpfung dieser Verhaltensweisen zur Verfügung stellen.

KVT hilft dabei, völlig neue Wege zu finden, um Gedanken, Gefühle und Verhaltensweisen zu verarbeiten, so dass die Patienten besser mit den normalen Ereignissen im Leben umgehen können. Anstatt negativ auf traumatische Ereignisse zu reagieren, gibt die (KVT) ihnen die Möglichkeit, den Auslöser neu zu formulieren und aus einer völlig neuen Perspektive zu erleben.

# Kapitel 1: Was sind Angst und Depression?

Was ist der Unterschied zwischen Furcht und Angst? Gibt es einen Unterschied zwischen Sorgen und Angst? Und zwischen Angst und Depression? Wie wirken Dinge wie Stress und emotionale Gefühle, die als stressig empfunden werden? Haben Sie jemals über die Bedeutung von Wut, Furcht, Angst oder Nervosität nachgedacht und wie sie sich auf Angst und Depression auswirken?

Es ist wichtig zu beachten, dass eine der größten Herausforderungen bei der Behandlung von Angst die mangelnde Klarheit über die Bedeutung jedes dieser Begriffe ist. Etwas, das man verstehen muss, ist, dass es sehr schwierig sein kann, herauszufinden, woher etwas kommt und was zu tun ist, wenn man nicht genau weiß, worüber man spricht.

Beginnen wir also damit, die Bedeutung dieser Begriffe zu definieren, um zu verstehen, was Angst und Depression sind.

## Was ist Angst mit Hilfe von drei Erfahrungsebenen?

Wenn man über alles im Zusammenhang mit der menschlichen Psychologie sprechen möchte - einschließlich Angst - muss man die drei Hauptebenen unserer Erfahrungen unterscheiden: die körperliche, emotionale und kognitive Ebene.

<u>Körperliche Erfahrung</u>

Es bezieht sich auf die Empfindungen, die wir in unserem Körper spüren. Diese Empfindungen umfassen: Kälte, Wärme, Schmerz, Taubheit, Entspannung, Feuchtigkeit, Spannung, Schmerzen, Trockenheit und Kribbeln, unter anderem.

<u>Emotionale Erfahrungen</u>

Diese sind in der Regel am schwierigsten zu definieren. Der Hauptgrund dafür ist, dass es sich um eine Mischung aus sowohl kognitiven als auch körperlichen Erfahrungen handelt.

Betrachten wir zum Beispiel den Fall, in dem Wut empfunden wird. In einer solchen Situation befinden Sie sich oft in einem mentalen Zustand, in dem Ihre Gedanken rasen, und Sie erleben einen inneren Monolog auf kognitiver Ebene.

Zusätzlich beginnen Sie oft, Wärme, Unruhe und Spannung zu spüren. Sie fühlen sich, als ob Sie aufgeben würden, mit einer Kombination von Bildern, negativen Gedanken und einem geringen Energieniveau, Faulheit und Erschöpfung, unter anderem. Man muss erkennen, dass Emotionen im Wesentlichen subjektive Empfindungen sind, die wir nach einer kognitiven Interpretation von etwas erleben.

## Kognitive Erfahrungen

Dies bezieht sich auf eine Art geistiges und intellektuelles Phänomen oder alles, was mit menschlichen Gedanken zu tun hat. In den meisten Fällen sind diese kognitiven Erfahrungen verbal.

Zum Beispiel kann es eine innere Stimme in Ihrem Kopf geben, die Ihnen ständig etwas über Ihr tägliches Leben erzählt. Dies ist der innere Kritiker, der versucht, Sie davon abzuhalten, Ihren jahrelangen Traum zu verfolgen. Er erzählt Ihnen immer wieder, wie Sie ein episches Versagen erleben oder sich vor allen blamieren werden.

Solche Gedanken können auch visuell sein. Zum Beispiel könnten Sie das Bild Ihrer Mutter vor sich haben, als sie in Ihren Händen gestorben ist, oder das Bild Ihres Vaters, als Sie ihm gesagt haben, dass Sie einen Mann mit doppelt so vielen Jahren wie Sie heiraten werden, oder das Gesicht Ihres Mannes, als Sie ihn nach der Scheidung gefragt haben.

# Kapitel 2: Ereignisse vs. Handlungen

Es ist wichtig zu beachten, dass sowohl die physischen als auch die kognitiven Erfahrungen, die wir oben definiert haben, uns widerfahren können. Das sind die Momente, in denen der Bauch knurrt und sich aufwühlt und die Gedanken unaufhörlich durch unseren Kopf schießen.

**Diese werden als sogenannte Ereignisse bezeichnet.**

Andererseits sind wir oft diejenigen, die diese physischen und kognitiven Erfahrungen in Gang setzen. Zum Beispiel können wir wählen, unseren Nachbarn zu grüßen, wenn er an unserem Tor vorbeigeht, oder wir können an dem Problem arbeiten, das uns die ganze Zeit im Kopf herumgeht.

**Diese sind als Handlungen bekannt.**

Aber wie steht es mit emotionalen Erfahrungen? Das sind Ereignisse, die uns widerfahren. Zum Beispiel, wenn man erfährt, dass ein geliebter Mensch gestorben ist oder wenn man sich schuldig fühlt, weil man einen Freund oder ein Familienmitglied schrecklich behandelt hat, unter anderem. Im Gegensatz zu kognitiven Erfahrungen sind dies keine Handlungen, die wir direkt auslösen können. Die Wahrheit ist, dass wir die Schalter für Wut oder Glück nicht einfach ausschalten können.

**Also, warum diese Unterscheidungen treffen?**

Der Grund, warum wir zwischen Ereignissen und Handlungen unterscheiden müssen, liegt oft darin, dass wir uns in verschiedenen Formen psychischer Probleme verstricken, wenn wir glauben, dass unsere Emotionen Dinge sind, die wir tun können oder über die wir die Kontrolle haben. Das Grundprinzip der meisten Theorien zur geistigen Gesundheit lautet: "Wir können unsere Emotionen nur indirekt ändern", indem wir die Art und Weise beeinflussen, wie wir denken, was wir tun oder sogar die Umgebung, der wir uns aussetzen.

Das gesagt habend, ist der nächste Schritt zu verstehen, wie wir Angst und andere verwandte Begriffe in dieses Konzept einordnen können.

**Angst und verwandte Konzepte.**

Dies sind einige der gebräuchlichsten Begriffe, wenn es um Angst und Depression geht. Ein Stressfaktor bezieht sich auf alles in der umgebenden Umwelt, das als Bedrohung oder Herausforderung wahrgenommen wird. Zum Beispiel, wenn Sie auf dem Heimweg durch Ihren Viertelgarten spazieren und dann ein Rottweiler beginnt, Sie zu jagen, kann dies als Stressfaktor betrachtet werden. Wenn Sie ein bevorstehendes Vorstellungsgespräch oder eine Prüfung haben, kann auch dies ein Stressfaktor sein.

Wichtig ist zu verstehen, dass Stress die Art und Weise ist, wie der Körper auf das Vorhandensein eines Stressfaktors reagiert. Stress geht oft mit der Freisetzung von Adrenalin und der Aktivierung des "Kampf oder Flucht"-Mechanismus einher.

Einige der häufigsten Empfindungen, die diese Stressreaktion begleiten, sind unter anderem erhöhte Herzfrequenz, Blutdruck, Muskelspannung und beschleunigte Atmung. In diesen Momenten versucht das Gehirn sich vorzubereiten, um die Bedrohung effektiv zu bewältigen, sei es durch den Kampf oder die Flucht.

Stress hingegen ist ein Begriff, der verwendet wird, um zu beschreiben, wie wir uns fühlen, wenn wir uns in einem Zustand starker Anspannung befinden. Es ist wichtig zu beachten, dass all diese Ereignisse auf physischer Ebene auftreten, auch wenn wir den Begriff Stress oft verwenden, um unsere emotionalen Empfindungen zu beschreiben.

## Angst

Angst hingegen ist oft eine Emotion, die als Reaktion auf eine wahrgenommene Gefahr oder Bedrohung entsteht. Wenn wir zum Beispiel einen dunklen Schatten oder ein gekräuseltes Objekt auf einem Pfad sehen, beginnen wir, Angst zu empfinden, weil wir die Möglichkeit in Betracht ziehen, dass es sich um eine Schlange handeln könnte. Wenn wir jedoch näher kommen und erkennen, dass es nur ein Ast eines Baumes ist, verschwindet die Angst, und wir setzen unseren Weg fort.

Mit anderen Worten, die Angst ist eine emotionsbezogene und kurzlebige Reaktion, die so lange anhält, wie wir eine Bedrohung in unserer Nähe spüren. Sie basiert oft auch auf einer vernünftigen Einschätzung der Gefahr.

## Furcht

Wie die Furcht ist die Angst ein emotionales Gefühl, das oft als Reaktion auf eine wahrgenommene Gefahr oder Bedrohung entsteht. Allerdings ist die Furcht oft eine Reaktion auf eine realistische Bedrohung und lässt nach, sobald die Bedrohung verschwindet. Die Angst hingegen ist eine Emotion, die aus einer unrealistischen Bedrohung resultiert.

Mit anderen Worten, der Geist stellt sich etwas vor, das in der Zukunft geschehen könnte, auch wenn die Wahrscheinlichkeit, dass es eintritt, gering ist. Das Problem mit der Angst ist, dass sie dazu neigt, in Intensität und Häufigkeit fortzudauern.

Betrachten wir einen Fall, in dem Sie sich eine Dokumentation des National Geographic über die giftigsten Schlangen des Universums ansehen. Plötzlich brechen Sie Ihre Pläne für einen Ausflug ab, weil Sie sich vorstellen, einer tödlichen Schlange auf dem Pfad zu begegnen und angegriffen zu werden. Von diesem Moment an beginnen Sie, abgelegene Seeufer, Parks, Zoos und sogar Golfplätze zu meiden. Das Interessante ist, dass Sie damit beginnen, Ihren Tag zu planen, um die Möglichkeit zu vermeiden, einer Schlange zu begegnen.

## Panik

Panik bezieht sich hingegen auf plötzliche Ausbrüche extremer Angst, die innerhalb weniger Minuten beginnen und sich innerhalb von etwa 15-20 Minuten abschwächen. Panik wird oft durch eine katastrophale Interpretation von

Signalen ausgelöst, die mit Kampf- oder Fluchtreaktionen zusammenhängen.

Zum Beispiel, wenn das Herz plötzlich stark zu schlagen beginnt, denken wir, dass wir einen Herzinfarkt haben. Es ist wichtig zu beachten, dass Menschen, die wiederholt Panikattacken haben, oft von der Sorge ausgelöst werden, eine weitere Panikattacke zu erleben.

<u>Denken Sie an Panik als Angst vor der Angst!</u>

# Schrecken, Angst, Furcht oder Nervosität

Dies sind alles emotionale Varianten von Angst und Furcht. Betrachten wir zum Beispiel den Begriff Schrecken: Er ähnelt der Angst, ist jedoch eher allgegenwärtig und vage. In den meisten Fällen ist er intensiv, aber nicht so akut, da er irgendwie existenziell ist.

### Sorge

Obwohl wir den Begriff Sorge verwenden, um unsere emotionalen Gefühle zu beschreiben, handelt es sich bei diesem Begriff hauptsächlich um einen kognitiven Aspekt. Es wird oft als eine Erfahrung des schnellen, negativen, wiederkehrenden und selbstbewertenden Problemlösens angesehen. Das interessanteste an der Sorge ist, dass sie für uns in keiner Weise nützlich oder produktiv ist.

Eines ist zu beachten: Sie ist größtenteils ein primärer Faktor, der Angst und Stress unterstützt und zu deren Wiederholung führt.

Nach alldem, was Sie verstehen sollten, ist, dass, wenn Sie versuchen, Ihre Gefühle zu entschlüsseln, Sie so spezifisch wie möglich sein sollten. Die beste Vorgehensweise besteht darin zu bestimmen, ob das, was Sie empfinden, physisch, kognitiv, emotional oder eine Kombination aus allem ist.

Wie bereits erwähnt, sind Emotionen oft schwer zu definieren, da sie eine Kombination aus physischen und kognitiven Aspekten sind. Was wichtig ist zu beachten, ist, dass Emotionen das Ergebnis bestimmter Interpretationen der Ereignisse sind, die uns widerfahren oder unserer Wahrnehmung.

Das wichtigste Wort ist "Interpretation". Der Punkt ist, dass wir keine Emotionen empfinden können, ohne dass zuerst eine Art kognitiver Handlung stattfindet. Dies ist gut so, denn einerseits können wir nicht ändern, wie wir denken und die Welt um uns herum interpretieren, andererseits sind kognitive Neigungen langjährige Gewohnheiten. Dies ist die Grundlage der kognitiven Verhaltenstherapie und des Stoizismus.

# Kapitel 3: Wie beeinflussen Stress und Angst Ihren Körper und Ihr Leben?

Viele von uns erleben Angst, wenn sie stressauslösenden Ereignissen gegenüberstehen. In dieser Hinsicht ist Angst eine sehr biologische Reaktion. In einigen Fällen erleben jedoch manche Menschen übermäßige Angst, die sie lähmt. Dies wird als chronische Angst bezeichnet. Wenn sie nicht kontrolliert wird, kann chronische Angst sehr belastend sein. Der erste und wichtigste Schritt besteht darin, zu erkennen, dass man an diesem Zustand leidet. Die folgenden Anzeichen deuten auf chronische Angst bei einer Person hin.

## Extreme Sorge

Es ist nichts Falsches daran, im Alltag ein gewisses Maß an Vorsicht walten zu lassen. Wenn es sich jedoch als ein starrer Muster grundloser Sorgen manifestiert, dann besteht ein Problem. Einige Menschen haben Schwierigkeiten, ein zufriedenes Leben zu führen, aufgrund starrer Sorgengedanken, die in ihrem Kopf umherwirbeln. Sie können auf ein einfaches Problem stoßen, wie einen platten Reifen, und das reicht aus, um ihren ganzen Tag zu ruinieren. Menschen, die übermäßig besorgt sind, neigen dazu, kleine Dinge zu dramatisieren und sie zu großen Problemen zu machen. Dies hindert sie daran, ein erfülltes Leben zu führen. Um sicherzustellen, dass Sie tatsächlich unter übermäßiger Sorge leiden, sollten diese Symptome mindestens sechs Monate lang

anhalten. Die Tendenz zur übermäßigen Sorge hat zweifellos negative Auswirkungen. Sie führt dazu, dass Sie selbsthemmende Entscheidungen treffen und dazu neigen, Phasen intensiver Besorgnis und
Stress zu entwickeln.
Übermäßige Sorge veranlasst Sie oft, viele Chancen zu verpassen, da Sie zu vorsichtig sind, und kann Menschen von Ihnen wegstoßen.
Menschen mit chronischer Angst neigen dazu, unruhig zu sein. Ihr Gehirn kann auf Sorgen mit der Vorbereitung zum Kampf reagieren. Auf diese Weise leitet es Ressourcen von verschiedenen wichtigen Organen ab und lenkt sie auf die Entwicklung von angespannten Muskeln. Das versetzt die Person in einen Zustand der Unruhe. Menschen, die unter chronischer Angst leiden, scheinen immer schlecht gelaunt zu sein und als ob sie gleich in einen Kampf eintreten würden. Aufgrund der Unruhe beeinträchtigen diese Menschen ihre Integration in die Gesellschaft, was normalerweise ihren sozialen Status beeinflusst. Natürlich wird die Gesellschaft es nicht schätzen, wenn Sie der Typ von Person sind, der andere bedroht und sie sich fühlen lässt, als ob sie auf Eierschalen gehen würden. Darüber hinaus kann die leichte Erregbarkeit Sie in viele unerwünschte Situationen bringen, da Sie das Ego anderer bedrohen, was normalerweise keine gute Sache ist. In schwerwiegenderen Fällen könnte die Unruhe dazu führen, dass Sie Ihre grundlegenden Überzeugungen in Frage stellen und Raum für negative Denkmuster schaffen. Wenn Sie also leicht erregbar sind, könnten Sie am Ende denken, dass alle Menschen wirklich schlecht sind und Menschen in Ihrem Leben meiden, was Ihnen langfristig nur schadet.

# Unruhe

Eine unruhige Person neigt dazu, sich angespannt zu fühlen. Sie kann sich nicht auf das konzentrieren, was sie tut, weil sie gegen das Gefühl der Unruhe kämpft. Unruhe ist besonders bei Jugendlichen und jungen Erwachsenen verbreitet, die unter chronischer Angst leiden. Jugendliche und junge Erwachsene sind besonders anfällig für chronische Angst, da sie sich noch in der Entwicklungsphase befinden und viele Ereignisse sie herausfordern. Zum Beispiel, wenn sie die Universität oder die High School besuchen, kann der soziale Druck enorm sein und Unruhe verursachen. Dieses rastlose Verhalten hindert sie daran, produktiv zu sein und ihre wichtigen Lebensziele zu erreichen.

Zusätzlich führt Unruhe dazu, dass Menschen selbsthemmende Entscheidungen treffen und verhindert, dass sie über ihre Entscheidungen nachdenken, was sich negativ auf die Lebensqualität auswirken kann. Wenn sich eine Person unruhig fühlt, neigt sie dazu, sich zurückzuziehen, was allmählich Einsamkeit in ihr Leben bringen kann. Allerdings haben nicht alle Menschen, die unter chronischer Angst leiden, Probleme mit Unruhe.

# Erschöpfung

Ähnlich wie Angst mit Euphorie und Hyperaktivität verbunden ist, neigen einige Betroffene auch zur Erschöpfung. Die Verbindung zwischen Erschöpfung und Angst hängt weitgehend von der Persönlichkeit des

Betroffenen ab. Zum Beispiel, wenn eine Person introvertiert ist, wird sie ihre chronische Angst durch langes Nachdenken verarbeiten, eine Übung, die viele Ressourcen erfordert. Das Nachdenken über das, was uns Sorgen bereitet, über einen längeren Zeitraum kann dazu führen, dass unsere Energie erschöpft wird, was zur Entwicklung von Erschöpfung führt. Außerdem, wenn chronische Angst Probleme wie Schlaflosigkeit oder Muskelverspannungen verursacht, verringert sich die Energiereserve eines Individuums, das dann mit niedrigem Energiepegel kämpfen muss. Sobald sich die Erschöpfung als Ergebnis des Kampfes gegen die Angst manifestiert, kann sie das Leben des Individuums auf vielfältige Weise beeinflussen. Zum Beispiel verhindert sie Produktivität und kann daher das Wohlbefinden beeinträchtigen. Die Erschöpfung kann auch dazu führen, dass eine Person eine selbsthemmende Denkweise entwickelt, da sie an ihrem eigenen Potenzial zweifelt.

Langfristig kann dieser Zustand das Erreichen wichtiger Lebensziele behindern, da die Motivation verloren gehen kann.

## Mangelnde Konzentration

Studien zeigen, dass eines der ersten Opfer chronischer Angst die Konzentration ist. Die meisten Menschen, die gegen chronische Angst kämpfen, haben oft Schwierigkeiten, sich auf anstehende Aufgaben zu konzentrieren.

Das erklärt, warum Schüler, die unter Angst leiden, oft Schwierigkeiten im Unterricht haben. Bevor Sie eine

Aufgabe abschließen können, muss der Geist entspannt sein, da sonst die Energie für die Konzentration auf wichtige Lebensziele verloren geht. Ohne Konzentration spielt es keine Rolle, wie geschickt oder ressourcenreich Sie sind - Sie werden wahrscheinlich Schwierigkeiten haben, Ihre Ziele zu erreichen. Dies liegt daran, dass alles, was es wert ist, erreicht zu werden, harte Arbeit erfordert, die die Fähigkeit zur Konzentration fördert.

Wenn Angst aufkommt, weist das Gehirn diesem Problem eine enorme Bedeutung zu und verweigert die Konzentration, um zuerst die Hauptur005e der Angst bewältigen zu können. Die meisten Menschen haben Schwierigkeiten, sich gegen das Urteil des Gehirns aufrechtzuerhalten, was sie extrem frustriert. Es ist sinnvoll, sich zuerst mit dem Problem der Angst auseinanderzusetzen, bevor das Gehirn Ihnen bei der Steigerung der Konzentrationsfähigkeit helfen kann.

## Reizbarkeit

In über 90% der Fälle neigen Menschen mit chronischer Angst dazu, reizbar zu sein. Für extrem ängstliche Personen ist es schwer, eine ruhige Haltung beizubehalten. Die Angst lässt sie glauben, dass die Welt eine Verschwörung gegen sie schmiedet. Dies treibt sie dazu, auf der Hut zu sein. Ängstliche Menschen sind besonders empfindlich gegenüber Worten und Nuancen und gehen tiefer in den Versuch, die Bedeutung zu erfassen als andere. Was für eine normale Person als normal erscheinen mag, kann für eine ängstliche Person beleidigend wirken, aufgrund ihrer Neigung, intensiv über

Angelegenheiten nachzudenken und implizite Anspielungen zu lesen. Reizbarkeit ist ein Merkmal, das es Menschen schwer macht, zufrieden zu sein. Dies liegt daran, dass es Menschen entfremdet. Eine reizbare Person riskiert, viele Feinde zu haben und sich in der Gesellschaft einen schlechten Ruf zu erwerben. Reizbarkeit kann viele Aspekte im Leben des Opfers beeinträchtigen und sie letztendlich dazu bringen, eine negative Einstellung gegenüber anderen Menschen zu entwickeln.

## Muskelverspannung

Eine weitere Konsequenz der chronischen Angst ist die Entwicklung von verspannten Muskeln. Natürlich leiden nicht alle Menschen mit Muskelverspannungen unter chronischer Angst. Die Erklärung dafür ist, dass übermäßige Sorgen, die der Angst zugeschrieben werden, den normalen Betrieb des Körpers behindern. Die Sehnen versteifen sich und führen zu Muskelverspannungen. Die interessante Sache ist, dass die Behandlung von Muskelverspannungen durch verschiedene Entspannungsübungen die Angst lindert. Chronische Angst neigt dazu, sich negativ auf verschiedene Bereiche im Leben eines Menschen auszuwirken. Mit schmerzenden Muskeln wird die betroffene Person von Bewegung abgeschreckt, was ein ehrgeiziger Schachzug des Gehirns ist, um die Person dazu zu bringen, ihr Problem zu bewältigen. Muskelverspannungen verweigern dem Opfer die notwendige Gelassenheit, um normal zu funktionieren. Sie sind gezwungen, sich auf externe Unterstützung zu verlassen, die, wenn die Umstände anhalten, unglaublich unbefriedigend sein kann.

# Schlaflosigkeit

Schlaflosigkeit ist ein häufiges Anzeichen für chronische Angst. Es besteht eine starke Verbindung zwischen chronischer Angst und Schlaflosigkeit. Zunächst einmal überlastet übermäßige Sorge den Geist und verhindert, dass das Opfer einschlafen kann. Darüber hinaus kann chronische Angst die physiologische Zusammensetzung des Einzelnen stören und zu Schlafmangel führen. Diese Situation setzt das Opfer in eine sehr nachteilige Position, da Schlaf eine enorme Rolle für das Wohlbefinden eines Menschen spielt. Eine der Hauptarten, wie Schlafmangel sich auf eine Person auswirkt, ist die Verringerung der Produktivität. Wenn Ihre Arbeit Aufmerksamkeit erfordert, wie im Fall eines Fahrers oder Maschinenbedieners, werden Sie keine großartigen Ergebnisse erzielen können, da Schlafmangel Sie behindert.

Schlafmangel beeinträchtigt die kognitiven Fähigkeiten. Dies bedeutet, dass Sie nicht Ihr volles Potenzial ausschöpfen können. Lang anhaltender Schlafmangel kann die Fähigkeit zur Bewältigung von Aufgaben, die scharfes kritisches Denken erfordern, beeinträchtigen. Langfristig kann eine unzureichende Leistung die Fähigkeit beeinträchtigen, sich einen guten Ruf in Ihrer Arbeitsbranche aufzubauen.

Schlafmangel ist ein Einfallstor für eine Reihe anderer gesundheitlicher Komplikationen wie Herzinsuffizienz, Bluthochdruck, Schlaganfall und Diabetes. Ein Hauptproblem der chronischen Angst ist, dass sie eine Verschlechterung des Gesundheitszustands auslöst. Schlafverlust, der aus Angst entsteht, führt zu Krankheiten, die die ohnehin schon geringe Gesundheit des Einzelnen untergraben.

Es ist daher entscheidend, chronische Angst so schnell wie möglich loszuwerden.

## Panikattacken

Je nach Lebenserfahrungen sind Panikattacken in gewissem Maße normal. Wenn jedoch eine unkontrollierbare Angst täglich erlebt wird, ist dies ein Zeichen für chronische Angst. Panikattacken manifestieren sich als intensive Episoden von Angst, die die Person zutiefst erschüttern und sie um ihr Leben fürchten lassen. Sie sind gekennzeichnet durch Symptome wie schnellen Herzschlag, flaches Atmen und starkes Schwitzen. Die Auslöser von Panikattacken können variieren, aber die Betroffenen erleben alle dieselbe intensive Angst.

Eine der Auswirkungen von Panikattacken ist soziale Isolation. Menschen, die Panikattacken hatten, neigen dazu, sich von der Gesellschaft zurückzuziehen und ihre eigene kleine Welt zu schaffen, ängstlich vor allen anderen. Leider verschlimmert dieses Verhalten die Situation nur und macht es schwer, ein produktives Leben zu führen.

Menschen mit Panikattacken neigen dazu, alle aus ihrem Leben zu vertreiben. Es scheint, als würden sie niemandem vertrauen, und das verhindert, dass sie erfüllende Beziehungen aufbauen. Auf lange Sicht führt diese Denkweise dazu, dass sie eine negative Einstellung gegenüber anderen Menschen im Allgemeinen entwickeln.

Im schlimmsten Fall können Panikattacken eine Person dazu bringen, Selbstmord zu begehen. Da Panikattacken die Person von Angst überfluten und sie glauben lassen, dass sie sterben werden, könnte das Opfer denken, dass es richtig ist, sein Leben zu beenden und Schluss zu machen.

## Vermeidung von sozialen Beziehungen

Wenn man bedenkt, dass Menschen soziale Tiere sind und unser Überleben von kooperativen Anstrengungen abhängt, ist es normal, vorsichtig zu sein, wie andere uns wahrnehmen. Aber wenn wir über jemanden mit chronischer Angst sprechen, sprechen wir über jemanden, der aktiv jede Form sozialer Interaktion vermeidet. Wenn er auf jemanden trifft, wird er extrem schüchtern und beurteilt sich dann hart.

Es ist äußerst nachteilig für das Opfer, sich von Menschen fernzuhalten, da es die Möglichkeit verweigert, einige wichtige Ziele zu erreichen, die nur in einem sozialen Kontext erreicht werden können. Wenn er an einem bevorstehenden sozialen Ereignis teilnehmen muss, wird er von Sorgen überwältigt sein und sich fragen, ob die anderen ihn mögen oder nicht, was unglaublich einschränkend sein kann. Seine größte Angst ist es, vor anderen Menschen peinlich berührt zu werden.

Die Anzahl der Amerikaner, die von dieser Störung betroffen sind, steigt stetig an, und es scheint, dass

Menschen in naher Zukunft Schwierigkeiten haben werden, soziale Kontakte zu knüpfen.

**Phobien**

Ein weiteres deutliches Anzeichen für chronische Angst ist das Vorhandensein von Phobien. Diese Ängste haben keine logische Grundlage. Das Opfer entwickelt eine irrationale Angst vor bestimmten Dingen oder Ereignissen. Einmal ausgelöst, verhindert die Angst, dass das Opfer normal leben kann. Einige der Phobien, die Menschen entwickeln, sind:

1. Tierphobien
2. Umgebungsphobien
3. Phobien vor bestimmten Situationen
4. Verletzungsphobien

# Magenprobleme

Ein weiteres deutliches Zeichen für chronische Angst ist die Unfähigkeit, Nahrung zu verdauen. Normalerweise leitet das Gehirn des Opfers die meisten Ressourcen zur Bekämpfung von Angst um, aber dies beeinträchtigt die Fähigkeit des Körpers, Nahrung normal zu verdauen, was zu Magenbeschwerden führt. Natürlich kann dies aus verschiedenen Gründen auftreten, die nichts mit chronischer Angst zu tun haben, wie übermäßiges Essen oder Trinken, Nahrungsmittelunverträglichkeiten oder das Schlucken von Pillen bei Hunger. Um jedoch sicherzustellen, dass die Verdauungsprobleme auf chronische Angst zurückzuführen sind, müssen Sie die begleitenden Symptome beobachten.

Magenprobleme neigen dazu, die Fähigkeit zur Führung eines produktiven Lebens zu beeinträchtigen, da die Bauchbeschwerden zu stark sind, um sie zu bewältigen. In extremen Fällen können sie den Weg für verschiedene Krankheiten ebnen, die die Funktion verschiedener Organe beeinträchtigen.

## Zwangsgewohnheiten

Normalerweise, wenn jemand gegen chronische Angst kämpft, gibt es etwas, das ihn besessen hält. Sie können nicht lange ohne nachgeben, um ihren zwanghaften Drang zu befriedigen. Natürlich ist das eine stressige Situation. Zum Beispiel, wenn das Opfer besorgt über Pickel im Gesicht ist, könnte es ein Foto seines Gesichts in sozialen Medien posten, in der Hoffnung auf Bestätigung, dass sein Gesicht in Ordnung ist, und dann alle zwei Minuten überprüfen, ob die Leute mit einem "Gefällt mir" oder einem Kommentar geantwortet haben. Sie hoffen auf die Zustimmung anderer und sind äußerst empfindlich gegenüber Kritik. Natürlich sind diese Tendenzen äußerst behindernd. Die Welt ist ein harter Schlachtfeld, und Zartbesaitete haben es schwer. Wenn man nicht lernt, sich selbst zu akzeptieren und stolz darauf zu sein, wer man ist, wird es schwer sein, seine Lebensziele zu erreichen.

# Perfektionismus

Im herkömmlichen Sinne erscheinen Perfektionisten als ehrgeizige Menschen, die vor nichts Halt machen, um das zu erreichen, was sie sich vorgestellt haben. Aber die Psychologie sagt uns, dass chronische Angst manchmal die treibende Kraft hinter dem Perfektionismus ist. Es ist durchaus logisch, dass jemand, der einem bestimmten Ergebnis zu viel Wert beimisst, dazu neigen könnte, sich am Erstellungsprozess zu klammern, was dazu führt, dass er mehr Aufmerksamkeit schenkt und akribisch handelt. Steve Jobs, der verstorbene Mitbegründer von Apple Inc., ist ein herausragendes Beispiel für einen Perfektionisten. Er war stark in den Prozess der Schaffung der Produkte seines Unternehmens involviert und ließ die Mitarbeiter Aufgaben immer wieder erledigen, bis sie das Ziel genau so erreichten, wie er es sich vorgestellt hatte. Natürlich sahen die Leute ihn als ehrgeizig an, aber diejenigen, die ihm nahestanden, enthüllten, dass er wirklich ein ängstlicher Mensch war. Aber manchmal kann der Perfektionismus auch aus etwas anderem als chronischer Angst entstehen.

# Kapitel 4: Übungen gegen Depression

Die Depression muss nicht die Oberhand gewinnen oder Ihr Leben kontrollieren. Dennoch sind einige wichtige Schritte erforderlich, um mit den damit verbundenen Herausforderungen umzugehen. Beginnen Sie, indem Sie sich an einen Fachmann wenden. Sie können mit Freunden und Familie sprechen, um Unterstützung zu erhalten, aber nur ein Fachmann kann die Störung angemessen diagnostizieren und behandeln. Neben professioneller Hilfe müssen Sie proaktiv mit Ihren Bewältigungstechniken umgehen. Nicht jeder reagiert gleich auf Selbsthilfe, aber das Folgende kann dazu beitragen, die auftretenden Symptome zu reduzieren oder zu lindern.

## Tipps zur Bewältigung von Depressionen

Darüber hinaus sind diese Schritte nützlich, um Ihnen die notwendige Stärke im täglichen Leben zu verleihen und Risikofaktoren für Ihr geistiges Wohlbefinden zu beseitigen.

### Körperliche Aktivität

Körperliche Aktivität verleiht dem Körper die notwendige Stärke, um den Alltag zu bewältigen. Untersuchungen zeigen, dass körperliche Aktivität positive Chemikalien freisetzt, die die Stimmung verbessern. Es gibt verschiedene Möglichkeiten, körperliche Aktivität in Ihren Lebensstil zu integrieren oder beizubehalten. Unabhängig von Ihrem Fitnesslevel oder Ihren Vorlieben kann es angenehm und hilfreich sein, Übungen in Ihren Alltag zu integrieren. Denken Sie dabei an Aktivitäten wie Yoga, Zumba, Laufen, Schwimmen oder Radfahren. Wenn Sie etwas Einfacheres wünschen oder benötigen, können Sie in Betracht ziehen, spazieren zu gehen oder langsam zu joggen. Sie können körperliche Aktivität in Ihren täglichen Zeitplan integrieren, indem Sie weiter vom Eingang entfernt parken, Ihren Hund weiter vom Haus entfernt im Park spazieren führen oder zu Fuß zum Einkaufszentrum oder zur Arbeit gehen. Versuchen Sie, mindestens ein oder zwei Stunden körperlicher Aktivität pro Woche einzuplanen. Achten Sie darauf, Aktivitäten zu wählen, die Ihren Herzschlag erhöhen und alle Muskeln im Körper beanspruchen.

## Gesunde Ernährung

Eine ausgewogene und gesunde Ernährung ist zu jeder Zeit wichtig, aber besonders, wenn Sie gegen Depressionen kämpfen. Die Energie, die Sie aus Lebensmitteln gewinnen, dient als Treibstoff für Ihren geistigen und körperlichen Zustand.

Normalerweise werden drei Mahlzeiten und ein oder zwei leichte Snacks pro Tag eingenommen. Eine gesunde Ernährung besteht aus magerem Eiweiß, frischem Obst und Gemüse, Vollkornprodukten und fettarmen Milchprodukten. Das Essen gesunder und nährstoffreicher Lebensmittel sorgt dafür, dass Sie sich den ganzen Tag über gut fühlen.

Vermeiden Sie nach Möglichkeit verpackte Lebensmittel und erwägen Sie sogar, sich dem Gartenbau zuzuwenden, um frische und leicht zugängliche Lebensmittel in Ihrer Nähe zu haben.

Sie sollten ausreichend Wasser trinken, um Ihren Körper ausreichend zu hydrieren. Es ist einfach, die benötigte Wassermenge zu bestimmen.

**Guter Schlaf**

Eine erholsame Nachtruhe ist unerlässlich, um ein gesundes und erfülltes Leben zu führen. Schlaf erfrischt den Körper und bereitet ihn auf den nächsten Tag vor. Ohne ausreichend Schlaf beginnt das Gehirn, sich überlastet und müde zu fühlen. Die empfohlene Schlafdauer für Jugendliche liegt zwischen acht und zehn Stunden pro Nacht. Die meisten Erwachsenen schlafen gut mit sieben bis acht Stunden Schlaf pro Nacht.

Es kann schwierig sein, die notwendige Schlafmenge zu bekommen, insbesondere wenn Sie an Depressionen leiden.

Beginnen Sie damit, den Schlafbereich entspannend zu gestalten. Versuchen Sie, in einem kühlen Raum mit gedämpftem oder dunklem Licht einzuschlafen. Es könnte notwendig sein, Jalousien oder Vorhänge an den Fenstern hinzuzufügen, um das störende Licht zu minimieren. Erwägen Sie das Tragen von Ohrstöpseln, komfortablen Kissen und Bettwäsche. Die Stunde vor dem Schlafengehen sollte entspannend sein. Legen Sie Ihr Handy, Aufgaben oder die Arbeit, die Sie von Ihrem Büro mit nach Hause gebracht haben, beiseite. Trinken Sie in dieser Zeit Wasser, wenn Sie Durst haben, und vermeiden Sie Koffein. Vermeiden Sie scharfes Essen und süße Snacks.

Fragen Sie sich, was Ihnen helfen kann, sich zu entspannen, wenn Sie all die Dinge ablehnen müssen, die Ihnen Freude bereiten? Nehmen Sie ein Bad oder eine warme Dusche. Lesen Sie Ihren Lieblingsroman oder ein motivierendes Buch. Schlürfen Sie vor dem Zubettgehen eine Tasse Tee oder warme Milch und hören Sie beruhigende Musik. Dies sind großartige Möglichkeiten, um Körper und Geist auf einen guten Nachtschlaf vorzubereiten.

## Umgang mit möglichen Gesundheitsproblemen

Ihre emotionale Verfassung verbessert sich, wenn Sie Gesundheitsprobleme konsequent angehen. Sie fühlen sich besser, weil Sie die Initiative ergriffen haben, sich um sich selbst zu kümmern. Viele Menschen, die unbehandelte Gesundheitsprobleme haben, machen sich endlos Sorgen darüber, was falsch sein könnte oder was passieren könnte. Forschungsergebnisse zeigen, dass es eine Verbindung zwischen unbehandelten Gesundheitsproblemen und Depressionen gibt, insbesondere bei entzündlichen Erkrankungen. Die Pflege von Gesundheitsproblemen kann die Stimmung verbessern, da Sie nicht ständig mit Schmerzen und anderen Krankheiten konfrontiert werden.

## Vermeiden Sie unsichere Substanzen

Stress zu bewältigen, ist nie einfach. Es gibt positive und negative Möglichkeiten, mit stressauslösenden Faktoren umzugehen. Ein negativer Ansatz beinhaltet Aktivitäten, die Ihre Stimmung vorübergehend verbessern können, Sie jedoch letztendlich deprimiert machen. Zu diesen Aktivitäten gehören, sind aber nicht beschränkt auf den Konsum illegaler Drogen und Alkoholmissbrauch.

## Im Moment leben

Bleiben Sie im Einklang mit Ihrem inneren Frieden und Ihrer inneren Ruhe. Wenn die Überwältigung zuschlägt, neigen wir dazu, uns auf vergangene Probleme oder Dinge zu konzentrieren, die im Hintergrund passieren. Diese Gedanken können zu Depressionen und ungerechtfertigtem Stress führen. Im Moment zu leben ermutigt Sie, Ihren Geist von allem Negativen zu befreien und sich auf Ihr Glück in diesem Augenblick zu konzentrieren. Dieses Dasein sollte sowohl dann geschehen, wenn Sie mit Freunden und Familie zusammen sind als auch wenn Sie alleine sind.

## Selbstbewusstsein

Bevor Sie Ihren Tag beginnen, mitten am Tag, auf dem Heimweg, unter der Dusche oder vor dem Schlafengehen: Stoppen Sie kurz und hören Sie auf, was Sie gerade tun.

Atmen Sie ein. Atmen Sie wie gewohnt und nehmen Sie natürliche Atemzüge durch die Nase und wieder hinaus.

Denken Sie klar. Oder besser gesagt, reflektieren Sie über Ihre Gedanken. Bewerten Sie ihre Bedeutung. Erkennen und akzeptieren Sie alles, was Sie wahrnehmen. Konzentrieren Sie sich auf Ihren Geist, Ihren Körper und alle körperlichen Empfindungen, die Sie in dieser Zeit erleben. Beachten Sie, ob Ihr Herz schneller schlägt, Ihre Muskeln sich anspannen oder Schmerzen auftreten.

Üben Sie alles, was Sie in diesem Moment unterstützt. Dies kann das Gespräch mit Ihrer Familie oder Freunden sein oder das Dehnen vor dem Schlafengehen.

## Mit Liebe voranschreiten

Es mag einfach klingen, aber für die meisten Menschen, die an Depressionen leiden, ist es extrem schwer. Die Anforderungen von Schule, Arbeit und Familie können es schwierig machen, sich den Dingen zu nähern oder die Dinge zu tun, die wir lieben. Engagieren Sie sich in Aktivitäten, die Ihr Leben verbessern. Malen Sie, tanzen Sie, leisten Sie Freiwilligenarbeit oder backen Sie einen Kuchen. Alles, was Ihnen Freude bereitet, tun Sie es!

## Tipps zur Bewältigung von Depressionen

Sie sollten versuchen, Wege zu finden, um sich bei der Bewältigung von Depressionen zu helfen. Es handelt sich um einen kraftvollen Mechanismus zur Bewältigung, der hilft, die täglichen Momente zu überstehen, in denen man sich niedergeschlagen und überfordert fühlt. Es gibt wirksame Möglichkeiten, um mit emotionalen, mentalen und physischen Herausforderungen umzugehen. Eine äußerst effektive Methode ist körperliche Bewegung, die Ihnen hilft, aufzustehen und sich zu bewegen. Es ist auch ein nützliches Werkzeug, um den Geist von zufälligen oder belastenden Gedanken zu befreien.

Stimmungsverbesserung ist eine der effektivsten Strategien oder Techniken zur Bewältigung von Störungen wie Angstzuständen. Sie können in Erwägung ziehen, einen regelmäßigen Bewegungsrhythmus zu etablieren, sich wöchentlich mit einem aktuellen oder alten Freund zu verabreden oder einen Kurs zu belegen, um etwas Neues zu lernen. Dies sind nur Ideen, die Ihnen helfen können, den Bewältigungsprozess zu durchlaufen. Effektive Bewältigung hilft, den Nebel zu lichten, der den Verstand, das Urteilsvermögen und die Gefühle trübt. Das Ergebnis ist ein glückliches und äußerst aufgeschlossenes Leben, das jeden Tag lebenswert macht.

<u>Im Folgenden sind weitere Strategien oder Ratschläge zur Bewältigung von Depressionen aufgeführt.</u>

Verlassen Sie nicht Ihr Unterstützungssystem
Die Depression kann Sie glauben machen, dass niemand bereit ist, Ihnen zu helfen. Dies ist häufig, wenn Sie mit einem niedrigen Selbstwertgefühl zu kämpfen haben. Auch wenn Ihre Tage im sozialen Rückzug verbracht werden und Sie sich einsam fühlen, sind Sie nicht allein. Es gibt Freunde und Familie, die möchten, dass Sie wieder glücklich sind. Es ist schwer, gegen die Depression allein anzukämpfen. Sie schämen sich wahrscheinlich oder fühlen sich unbehaglich dabei, Freunde oder Familie vernachlässigt zu haben, aber diese Gefühle sollten Sie beiseiteschieben. Suchen Sie Ihre soziale Gruppe und Familie auf, um Ihre Stimmung zu verbessern. Dies wird Wunder für Sie bewirken. Sie werden feststellen, dass die Kommunikation mit denen, die sich um Ihr Wohlbefinden sorgen, Ihnen ein Gefühl von erneuter Stärke gibt.

Wenn Sie sich einsam fühlen und denken, dass niemand da ist, um sich auf Sie zu stützen, knüpfen Sie neue Beziehungen, um Ihr Unterstützungsnetzwerk zu stärken.

- Suchen Sie Unterstützung von Menschen, die Sie ermutigen, Sie selbst zu sein. Das Ziel ist nicht, jemanden zu finden, der Sie besser macht. Sie brauchen nur jemanden, der Ihnen zuhört. Diese Person sollte verständnisvoll, mitfühlend und sensibel für das sein, was Sie durchmachen.

- Vereinbaren Sie ein persönliches Treffen. Es ist immer eine gute Idee, eine Nachricht zu senden oder einen Anruf zu erhalten, aber nichts ist besser als ein persönliches Treffen. Gesichtsausdrücke sind entscheidend, um Schwierigkeiten oder Herausforderungen auszudrücken und zu verstehen. Sprechen Sie darüber und fühlen Sie sich sofort erleichtert, weil Sie mit jemandem in Kontakt getreten sind, der sich um Ihre Probleme kümmert.

<u>Reparieren Sie den Flügel des sozialen Schmetterlings. Früher waren Sie ein geselliger Schmetterling, aber die Depression hat einen Ihrer Flügel beschädigt. Gehen Sie nach draußen und mischen Sie sich unter die Menschen, auch wenn Ihr Geist und Körper Ihnen sagen, dass Sie es nicht tun sollen. Die Gesellschaft anderer Menschen hilft Ihnen, positive Gedanken zu fördern und Gefühle der Depression zu lindern.</u>

Sein Sie die Stütze für jemand anderen. Es tut gut, Unterstützung zu erhalten, und Sie sollten dasselbe für andere tun. Dies ist ein hervorragendes Mittel, um die Stimmung zu verbessern, da es ein gutes Gefühl gibt, wenn man anderen hilft. Hören Sie sich die Probleme einer anderen Person an oder bieten Sie sich als Freiwilliger an, um weniger Glücklichen zu helfen. Man fühlt sich anders, wenn man weiß, dass das, was man tut oder wer man ist, einen Unterschied macht.

- Finden Sie eine Supportgruppe. Es kann hilfreich sein, mit anderen Menschen zu sprechen, die ebenfalls mit Depressionen zu kämpfen haben. Dies hilft, sich weniger isoliert zu fühlen und bietet die Möglichkeit, Unterstützung zu erhalten und anderen Unterstützung zu bieten.

## Tipps, um in Verbindung zu bleiben:

- Suchen Sie mindestens eine Person, mit der Sie über das sprechen können, was Sie durchmachen.
- Helfen Sie anderen bei der Bewältigung ihrer Probleme.
- Treffen Sie sich mit einem Freund auf einen Kaffee oder einen Film.
- Bitten Sie einen Freund oder Kollegen, gelegentlich vorbeizukommen.
- Unternehmen Sie Ausflüge mit jemandem.
- Wenden Sie sich an einen alten Freund.
- Suchen Sie sich einen Trainingspartner.
- Planen Sie wöchentliche Mittag- oder Abendessen.
- Melden Sie sich für einen Kurs an, um neue Gesichter zu sehen.
- Sprechen Sie mit einem Berater, Geistlichen oder Therapeuten.

Sich wieder mit den Dingen verbinden, die Ihnen gefallen. Um Depressionen effektiv zu bekämpfen, müssen Sie sich wieder mit angenehmen Dingen verbinden, die Energie geben. Zum Beispiel, führen Sie einen gesunden Lebensstil, bewältigen Sie stressige Situationen effektiv, tun Sie nur die Dinge, von denen Sie glauben, dass Sie sie erreichen können, und fügen Sie angenehme Aktivitäten in Ihre tägliche Routine ein.

Tun Sie etwas, was Ihnen gefällt. Auch wenn es schwierig sein kann, dies zu tun, wenn Sie depressiv sind, sollten Sie sich motivieren, etwas zu tun, das Ihnen Freude bereitet oder das Sie früher aufgeregt hat. Aufstehen und Ihre Lieblingsaktivitäten zu unternehmen, kann Sie glücklich und erfüllt fühlen lassen. Dies wird vielleicht nicht sofort die Depression lindern, aber es wird dazu beitragen, Ihre positiven Gefühle im Moment zu steigern. Wiederentdecken Sie ein altes Hobby oder eine Aktivität, die Ihnen früher gefallen hat. Verbinden Sie sich mit Ihrer kreativen Seite, indem Sie Musik, Tanz, Kunst oder Theater machen. Besuchen Sie einen Park oder ein Museum.

Bewusstsein für Ihre Gesundheit entwickeln. Achten Sie zunächst darauf, ausreichend Schlaf zu bekommen. Wenn Depression ein Problem ist, schlafen Sie wahrscheinlich entweder zu wenig oder zu viel. Übernehmen Sie ein Gesundheitsprogramm, das Ihnen ermöglicht, sich morgens erfrischt zu fühlen.

Stress, soweit möglich, abbauen. Stress ist einer der Hauptfaktoren, die zur Depression beitragen. Er wirkt als Auslöser und verschlimmert sich im Laufe der Zeit. Identifizieren Sie die Stressfaktoren in Ihrem Leben und definieren Sie Wege, um sie zu beseitigen und Ihr Leben unter Kontrolle zu haben.

Beruhigungstechniken. Praktizieren Sie Techniken oder Strategien, die Ihnen helfen, sich zu entspannen. Entspannung ist ein wesentliches Werkzeug zur Linderung

von Stress und Depression. Vorgeschlagene
Entspannungsübungen umfassen Meditation,
Muskelentspannung und Yoga.

# Hier ist ein "Glückspaket", um Ihnen bei der Bekämpfung der Depression zu helfen:

- Gehen Sie nach draußen und genießen Sie die Natur.
- Erstellen Sie eine Liste der Dinge, die Sie an sich selbst lieben.
- Wählen Sie jeden Monat ein Buch zum Lesen aus.
- Sehen Sie sich eine Sitcom oder eine lustige Show an.
- Genießen Sie ein entspannendes Schaumbad.
- Erledigen Sie einige kleine Hausarbeiten.
- Besuchen oder arbeiten Sie ehrenamtlich in einem Tierheim.
- Sprechen Sie persönlich mit Freunden.
- Drehen Sie die Musik auf und tanzen Sie.
- Entscheiden Sie sich spontan für etwas anderes.

Sich bewegen.
So einfach es klingen mag, Menschen, die an Depressionen leiden, finden es extrem schwer, sich zu bewegen. Das Aufstehen aus dem Bett, aus dem Auto oder aus dem Haus herauszukommen, ist schlichtweg schwierig, wenn man depressiv ist. Ein aktiver Lebensstil anzunehmen, ist ein entscheidendes Werkzeug im Kampf gegen die Depression. Forschungen zufolge ist körperliche Bewegung genauso nützlich bei der Bewältigung der Depression wie Medikamente. Bemühen Sie sich, mindestens eine halbe Stunde pro Tag körperlich aktiv zu sein. Sie können diese

Zeit in Abschnitte aufteilen oder auf einmal ausüben. Finden Sie einfach Wege, um jeden Tag aktiver zu sein.

Körperliche Bewegung hebt die Stimmung. Sie werden sich weniger müde fühlen. Zu Beginn kann es schwierig sein, aber mit der Zeit wird die Erschöpfung durch Bewegung oder körperliche Aktivität nachlassen. Die Steigerung des Energieniveaus ist ein Hauptfaktor für eine verbesserte Stimmung.

Bleiben Sie in einem konstanten Rhythmus. Nehmen Sie an Übungen oder Aktivitäten teil, die gleichmäßig und rhythmisch sind, da sie hervorragend geeignet sind, um Depressionen zu bekämpfen. Erwägen Sie Aktivitäten wie Gehen, Tanzen, Krafttraining oder Schwimmen, da sie alle Bereiche des Körpers beanspruchen.

Gefühle in die Aktivitäten einbringen. Wenn Sie aufgrund einer traumatischen Erfahrung depressiv sind, achten Sie auf die Art und Weise, wie Ihr Körper auf Bewegung reagiert. Beachten Sie kleine Dinge wie den Moment, in dem Ihr Fuß den Boden berührt, die sanfte Berührung des Windes auf Ihrer Wange oder Ihre Atemweise.

**Bräunen in der Sonne**

Sonnenlicht spendet eine gesunde Dosis Vitamin D, und dieses Vitamin kämpft gegen Depressionen an. Die Sonne hilft dabei, die Serotoninwerte zu steigern, was die Stimmung anregt. Setzen Sie sich 15-20 Minuten pro Tag dem Sonnenlicht aus. Verwenden Sie bei Bedarf Sonnenschutz und schauen Sie niemals direkt in die Sonne.

Hier sind einige Möglichkeiten, wie Sie Sonnenlicht genießen können:
- Machen Sie einen Spaziergang in der Mittagspause, genießen Sie Kaffee auf der Terrasse oder essen Sie auf der Veranda zu Mittag.
- Bewegen Sie sich im Freien anstatt im Fitnessstudio oder vor dem Fernseher. Spielen Sie Tennis oder wandern Sie auf einem Pfad, um die Natur zu genießen und Sonne zu tanken.
- Lassen Sie natürliches Sonnenlicht ins Haus, indem Sie die Jalousien anheben oder die Fenstervorhänge öffnen.
- Wenn Sonnenlicht in Ihrer Region nicht häufig vorkommt, sollten Sie über Lichttherapie-Techniken nachdenken.

## Negative Gedanken bekämpfen

Fühlen Sie sich Tag für Tag verwundbar oder machtlos? Denken Sie, dass Sie in einer aussichtslosen Situation stecken und nichts daran ändern können? Depression hat die Tendenz, sich in Ihren Geist einzuschleichen und jeden Gedanken negativ zu färben, den Sie hegen. Sie beginnen negativ über sich selbst und alles, was Ihnen begegnet, zu denken.

Diese Verknüpfungen mit negativen Gedanken sind nicht förderlich. Lassen Sie nicht zu, dass sie Ihr Leben manipulieren oder überwältigen. Es wird nicht einfach sein, negative Gedanken loszuwerden, aber es ist möglich. Jedes Mal, wenn ein negativer Gedanke in Ihren Geist eindringt, löschen Sie ihn mit einem positiven Gedanken. Auf diese Weise schaffen Sie ein Gleichgewicht in Ihrem Denkprozess und mildern die bestehende Negativität.

Negative Gedanken, die der Depression die Macht über Ihr Leben verleihen:

Finden Sie einen Mittelweg. Ihr Denkprozess muss nicht schwarz-weiß sein. Nicht jede Antwort muss korrekt sein, und es gibt Raum für Fehler in jeder Entscheidung, die Sie treffen. Erkennen Sie dies an und akzeptieren Sie es.

Ein einzelnes negatives Ergebnis ist keine Herausforderung für die Person, die Sie wirklich sind. Lassen Sie nicht zu, dass ein einzelner schlechter Gedanke oder eine fehlerhafte Handlung in Ihrem Leben Sie definiert. Es ist kein Anzeichen dafür, dass alles andere scheitern wird. Vor allem macht es Sie nicht zu einem Versager.

Verwandeln Sie Ihre Denkweise von negativ in positiv. Depression wird Sie dazu bringen, all die positiven Dinge zu übersehen, die in Ihrem Leben geschehen. Denken Sie an all die wunderbaren und positiven Dinge, die Ihnen widerfahren. Diese werden bei weitem überwiegen.

Hören Sie auf, Schlüsse ohne Beweise oder Fakten zu ziehen. Sie verschlechtern Ihr Leben, indem Sie immer davon ausgehen, dass Sie das Ergebnis der Dinge vorhersagen können. Der Punkt ist, dass Sie irgendwo anfangen müssen. Es spielt keine Rolle, wie lange es dauert, solange Sie beginnen.

## Emotionale Unsinnigkeiten

Ihre Gefühle von Niederlage oder Versagen sind unsinnig. Sie verbringen Tag für Tag damit, sich selbst zu wiederholen, dass Sie ein Versager sind oder in nichts gut sind. Sie sind die einzige Person, die sich so fühlt, und ohne Grund; es sind nur Ihre deprimierten Emotionen, die Ihnen das einreden.

Das "Ich-kann-nicht"-Syndrom. Hören Sie auf, sich zu sagen, dass Sie etwas nicht tun können, das Sie noch nie versucht haben. Die Kategorie der Dinge, die Sie tun möchten, ist die Ausgangsliste der Dinge, die getan werden können, wenn Sie proaktiv sind.

Brechen Sie aus den Mustern aus. Sie können nicht aufgrund vergangener Fehler isoliert oder in einer Box stecken bleiben. Hören Sie auf, sich selbst als Versager oder Unfähigen zu definieren. Sie sind keins von beidem.

Geben Sie Ihren negativen Überlegungen den dritten Grad Nachdem Sie die negativen Denkmuster identifiziert haben, die in Ihrem Kopf existieren, ist es an der Zeit, sie zu hinterfragen. Fragen Sie sich:
- Welche Fakten oder Beweise geben diesen Gedanken Substanz?
- Was würde ich einem geliebten Menschen oder einem Freund raten, der so denkt?
- Kann ich die Sache aus einer anderen Perspektive betrachten, oder gibt es einen anderen Grund, warum sie passiert ist?
- Wie würde ich diese Situation sehen, wenn die Depression nicht beteiligt wäre?

# Kapitel5: Körperliche Aktivität

Nun, da Sie die Motivation gefunden haben, Ihre Trainingsroutine zu beginnen, kommt der schwierige Teil: Wie beginnt man mit dem Training?
Wenn Sie geistig gesund und fitnessbegeistert sind, denken Sie wahrscheinlich kaum über Ihre Handlungen im Fitnessstudio nach. Stattdessen sind es einfach Bewegungen, die Sie ausführen, da Ihr Gehirn nicht mehr darüber nachdenkt, was Sie tun, aufgrund konditionierter Reflexe.
Sobald Sie Ihre Sporttasche abstellen, kommen Sie erst wieder zu sich, wenn Sie am Ende der Übungen unter der Dusche stehen. Doch Depression oder Angst verleihen Ihren Handlungen eine andere Perspektive. Wenn Ihr Geist ständig in einem Zustand der Sorge über Sie, die Welt und wie Sie sich in ihr zurechtfinden, stecken, analysieren Sie jede Handlung. Selbst wenn Sie ein Fitnessfan sind und Depression oder Angst entwickeln, wird der Ablauf unterbrochen. Plötzlich verlieren Sie die Lust, ins Fitnessstudio zu gehen. Selbstzweifel treten viel stärker auf als üblich.

Wenn Sie kein Fitnessfan sind, werden Sie wahrscheinlich kaum mehr tun wollen, als im Bett zu liegen. Aber wenn Sie die erste Hürde überwunden und den Anstoß für den nächsten Schritt gefunden haben, ist der Anfang ein mühsamer Prozess. Alles, was Sie vor sich sehen, wird zu etwas Gigantischem und Unscheinbarem auf eine uninteressante Weise. Plötzlich wollen Sie zurück ins Bett. Aber ist das wirklich der richtige Schritt? Nein, schauen wir, wie wir anfangen können.

## Kleine Schritte unternehmen

Eine der schlimmsten Dinge an Depression und Angst ist, dass sie oft alltägliche Aufgaben als unüberwindbare Giganten erscheinen lassen, die Sie erdrücken werden, wenn Sie es wagen, auch nur einen Finger zu bewegen. Der beste Weg, mit diesem Problem umzugehen, besteht darin, die Aufgabe in kleine Teile aufzuteilen oder, noch besser, mit kleinen Schritten zu beginnen.

Wenn Sie vorhaben, sich im Fitnessstudio anzumelden, könnten Sie anfangen, einige grundlegende Übungen zu Hause zu machen, anstatt sofort mit dem Training zu beginnen. Wenn Sie vorhaben zu spazieren und es Ihnen schwerfällt, das Haus zu verlassen, beginnen Sie damit, im Haus herumzugehen.

## Ein Bild vom Endergebnis haben

Schaffen Sie sich eine Vorstellung davon, wie Sie am Ende Ihres Trainings aussehen möchten. Wenn Sie das Endergebnis vor Augen haben, können Sie Selbstzweifel und Ängste aufgrund der Unsicherheit abbauen. Auf diese Weise können Sie auch Ihre Motivation aufrechterhalten. Wenn Sie die Vorstellung vom Endergebnis haben, können Sie sich immer daran erinnern, wenn die Depression oder Angst zu schwer wird.

## Schreiben Sie Ihre Routine auf

Wenn Sie diesen Schritt unternehmen, sollten Sie beachten, dass eine zu ehrgeizige Routine den gegenteiligen Effekt erzielen kann. Wenn Sie morgens aufwachen, sehen Sie sich an, was Sie aufgeschrieben haben, und überlegen Sie, was Sie im Laufe des Tages leicht erledigen können. Dies wird Ihnen helfen, die notwendige Motivation zu finden, um auf kohärente Weise Dinge zu erledigen, wenn es um die körperliche Betätigung geht.

**Ein Trigger erstellen**

Ein Trigger ist etwas, das Sie dazu antreibt, zu handeln. Wenn Sie depressiv oder ängstlich sind, benötigen Sie oft mehr als nur Motivation. Sie müssen etwas schaffen, das Sie daran erinnert, was Sie tun müssen – in diesem Fall mit dem Training zu beginnen.

Es könnte so einfach sein wie das Ablegen Ihrer Sportausrüstung neben Ihrem Bett, sodass sie das Erste ist, was Sie morgens sehen. Wenn Sie abends trainieren, könnten Sie sie in die Nähe Ihrer Haustür legen, an einem Ort, an dem Sie sie leicht sehen, wenn Sie nach Hause kommen. Sie könnten auch eine Erinnerung in Ihr Telefon eintragen, die Ihnen Hinweise gibt, um mit dem Training zu beginnen.
Wenn Sie sich mit Freunden zum Training verabreden, können Sie vereinbaren, sich am Tag vor dem Training und erneut am Trainingstag selbst anzurufen, um sich während des Trainings zu treffen.
Haben Sie keine Angst, sich selbst zu loben
Wenn Sie es schaffen, aus dem Bett zu steigen und Ihre Routine zu beginnen, ist das ein Grund zum Feiern.
Wenn Sie von Depression oder Angst überwältigt sind, oder von einer starken Kombination beider, was nicht ungewöhnlich ist, ist es ein großer Kraftakt, aus dem Bett zu kommen, der mit Bedacht angegangen werden sollte.

Wenn Sie versuchen, Depression oder Angst positiv zu bewältigen, ist einer der wichtigsten Ratschläge, den Sie oft erhalten, dass jede Handlung, die Sie unternehmen, um sich besser zu fühlen, ein Schritt in die richtige Richtung ist. Daher sollten Sie sich über die kleinsten Anstrengungen mit den größten Absichten freuen.

Wenn Sie sich in die Lage versetzen, sich bewusst einer Gruppenübung anzuschließen, ist das ein großer Fortschritt. Wenn Sie in Erwägung ziehen, sich im Fitnessstudio anzumelden oder Übungen zu machen, selbst wenn Sie keine Lust dazu haben, dann ist das mutig. Sie bewegen sich gegen den Willen Ihrer Depression oder Angst, und das ist etwas, auf das Sie stolz sein sollten.

Für jeden Schub gegen Depression oder Angst sollten Sie sich selbst Anerkennung geben. Die Bewältigung von psychischer Gesundheit ist eine der schwierigsten Aufgaben, die es gibt. Wenn Sie es schaffen, den Tag zu bewältigen, wenn Sie in der richtigen Einstellung sind, um körperliche Übungen zu machen - etwas, mit dem selbst Menschen mit guter geistiger Gesundheit zu kämpfen haben -, <u>dann gratulieren Sie sich.</u>

Denken Sie jedoch daran, dass Sie, sobald Sie in den Rhythmus des Handelns gekommen sind, in der Lage sein sollten, dies auch dann zu tun, wenn es Ihnen schlecht geht. Bevor Sie perfekte Handlungen ausführen, sollten Sie daran denken, wie Sie weitermachen können. Der erste Schritt ist wichtig. Machen Sie ihn jedes Mal wertvoll, und Sie werden Fortschritte bemerken.

**Gönnen Sie sich eine Pause**

Nehmen Sie sich eine Auszeit, wann immer Sie möchten. Es ist wahrscheinlich, dass, wenn Sie aus einer Phase der Depression oder Angst kommen, Ihre Energie oft begrenzt ist. Wenn Sie mit dem Training beginnen und sich kurz darauf müde fühlen, zögern Sie nicht, einen Gang herunterzuschalten und sich zu erholen. Es lohnt sich und wird dazu beitragen, Ihre Motivation zu steigern.

Häufige Pausen in Ihrem Trainingsprogramm können Ihnen auch helfen, sich in Ihren Gedanken zu verlieren, wenn das Training Ihnen nicht den gewünschten Schub gibt.

Die oben genannten Schritte sind einfach, aber wirksam, um Ihnen die Möglichkeit zu geben, Depression besser zu verstehen und zu bewältigen. Es ist wichtig, dass Sie in der Lage sind, das oben Genannte je nach Ihrer eigenen Resonanz umzusetzen. Wenn Sie zu viel Druck auf sich ausüben, um alle Schritte zu bewältigen, könnten die Ergebnisse kontraproduktiv sein.

Die Bewältigung von Depression erfordert ein feines Gleichgewicht, auch wenn Sie es mit Willenskraft schaffen. Aus diesem Grund ist es wichtig, es auf die richtige Weise zu tun.

## Ökotherapie

Die Naturtherapie, auch bekannt als Ökotherapie, erfreut sich im Laufe der Jahre wachsender Beliebtheit. Nicht nur Naturliebhaber haben diese Techniken zur Verbesserung ihrer geistigen Gesundheit angenommen, sondern auch namhafte Wissenschaftler haben sich mit den positiven Auswirkungen der Natur auf das menschliche Gehirn befasst. Menschen stammen aus der Natur, daher ist es logisch, dass sich ständig in geschlossenen Räumen aufhalten und sich wenig der Sonne aussetzen, negative Auswirkungen auf unser Gehirn haben kann. Und nach der Wissenschaft geht es nicht nur um Vitamin D.

Neben der Verbesserung der geistigen Gesundheit gibt es viele Möglichkeiten, wie die Natur Ihr Leben verbessern kann. Dazu gehören die Förderung der körperlichen Gesundheit, das Erlernen neuer Fähigkeiten im Zusammenhang mit Aktivitäten im Freien und die Verbindung zur Mutter Natur. Regelmäßige Outdoor-Aktivitäten können auch dazu motivieren, aktiv zu bleiben und Ihre Trainingsroutine einzuhalten, insbesondere wenn diese im Freien durchgeführt wird. Wenn Sie andere Menschen in Outdoor-Aktivitäten einbeziehen, kann dies auch zu einem aktiveren sozialen Leben führen, was sich ebenfalls positiv auf die Stimmung auswirken kann.

Die physischen Vorteile der Naturtherapie umfassen gesündere Vitamin-D-Levels, Gewichtsverlust und eine verbesserte Gehirnfunktion. Dies geht weit über die Auswirkungen der Natur und des Sonnenlichts auf die Stimmung hinaus. Viele Menschen, die Zeit im Freien verbringen, berichten von einer gesteigerten Denkfähigkeit.

Eine wissenschaftliche Studie des Stanford Woods Institute for the Environment ergab, dass anderthalb Stunden Spazierengehen in einer natürlichen Umgebung, umgeben von Natur und weit weg von städtischen Gebieten, zu einer Verringerung der Aktivität in einem bestimmten Teil des Gehirns führte, der mit Depression in Verbindung gebracht wurde. Könnte unsere stark urbanisierte Lebensweise mit steigenden Depressionen zusammenhängen? Viele glauben das.

Auf der ganzen Welt gibt es etablierte Programme und Ökotherapeuten, die Sie bei der Nutzung der Kraft der Mutter Natur zur Verbesserung Ihrer geistigen Gesundheit unterstützen können. Dieses Buch wurde jedoch für diejenigen geschrieben, die alleine oder mit einer Gruppe von nahestehenden Menschen beginnen möchten, um ihre Depression zu überwinden.

Die Naturtherapie umfasst eine breite Palette von Therapieoptionen, die die Natur zur Linderung von Depressionssymptomen nutzen. Zu diesen Optionen gehören Outdoor-Abenteuer, Gärtnern, Outdoor-Übungen, handwerkliche Projekte im Freien, Naturausflüge und vieles mehr. Im Laufe dieses Buches werden wir diese und andere Möglichkeiten untersuchen, wie Sie die Natur zur Bekämpfung von Depressionen nutzen können.

Am Ende dieses Buches finden Sie eine Liste von Ressourcen, die Menschen mit Depressionen helfen können.

# Kapitel 6: Einstieg in die Meditation mit Mantras

Ein Begriff, den Sie im Zusammenhang mit der KBT gehört haben könnten, ist "Achtsamkeit" oder "Mindfulness". Worum handelt es sich dabei? Entwickelt für Menschen, die unter häufigen, wiederkehrenden und oft schweren Depressionen leiden, kombiniert Achtsamkeit die Techniken der KBT mit Atemübungen, Meditation, Visualisierung und ähnlichen Techniken, die dazu beitragen können, Stress abzubauen und zu produktiverem Denken zurückzukehren.

## Grundprinzipien

Achtsamkeit erfordert, dass Sie aufhören, über die Vergangenheit nachzudenken und sich Sorgen über die Zukunft zu machen. Wenn Sie sich ängstlich fühlen, wissen Sie, dass es schwer ist, dies zu verhindern. Bei der Achtsamkeit geht es darum, Ihnen zu helfen, die gegenwärtige Angst zu reduzieren, indem Sie im gegenwärtigen Moment verankert werden.

Die Techniken der Achtsamkeit sind Methoden, um Ihre Gedanken von der Rückschau auf vergangene Ereignisse abzuwenden, die Sie nicht mehr kontrollieren können. Jedes Mal, wenn Sie an etwas Peinliches denken, das passiert ist, oder vielleicht an ein Ereignis, das Sie befürchten, könnte heimlich zurückkehren, kann dies verhindern, dass Sie den Moment genießen.

Ebenso, wenn Sie ständig besorgt über die Zukunft sind, beginnen Sie, den gegenwärtigen Moment zu verpassen, und manchmal werden andere bemerken, dass Sie nicht ganz da sind. Das Denken an die Zukunft bedeutet nicht immer negative Gedanken. Sie könnten von einem scheinbar unerreichbaren Leben träumen, mit luxuriösen Häusern, Geld und einer größeren Anzahl von Freunden und Familienmitgliedern, die Trost spenden. Obwohl diese Gedanken nicht notwendigerweise Angst verursachen, können sie zu Depression führen, wenn Sie gegenwärtige Probleme vermeiden, indem Sie in einer Zukunft fantasieren, die möglicherweise nie eintreffen wird.

Achtsamkeit beinhaltet jede Aktivität, die Sie von diesen Momenten entfernt und Sie in die Gegenwart zurückbringt. Diese Art von Fantasien und Grübeln sind Formen der Dissoziation.

Dissoziation kann lähmend sein. Sie können so blockiert sein, dass Sie sich nicht bewegen können. Zu anderen Zeiten kann es Ihr Gedächtnis beeinflussen.

## Wie Achtsamkeit mit der KVT verbunden ist

Da die KVT darin besteht, Ihr Gehirn umzuprogrammieren, wird Ihnen Achtsamkeit helfen, unrealistische Fantasien zu stoppen, bevor sie beginnen. Anstatt sich einem Gedanken hinzugeben, wird Ihnen eine Achtsamkeitstechnik helfen, zur Gegenwart zurückzukehren.

Manchmal fangen wir an, uns zu dissoziieren, weil wir ein bestimmtes Problem nicht angehen wollen. Wenn etwas oder jemand Sie auslöst, könnten Sie sich mental von der

Situation entfernen und an etwas anderes denken. Dies kann vorübergehend helfen, aber Sie können immer noch nicht die zugrunde liegenden Probleme bewältigen. Sie sollten wissen, wie Sie die Achtsamkeitstechniken der KBT verwenden, um sich besser auf diese Dissoziationsversuche vorzubereiten.

## Wie Achtsamkeit helfen kann

Haben Sie jemals an einem Unterricht teilgenommen und gedacht: "Ich muss aufpassen, ich muss mich konzentrieren"? Dann, eine Stunde später, ist die Stunde vorbei, und Sie erkennen, dass Sie überlegt haben, was Sie am Wochenende tun würden, oder vielleicht haben Sie sich vorgestellt, wie Sie in ein tropisches Gebiet reisen. Anstatt dem Unterricht Aufmerksamkeit zu schenken, war Ihr Geist in einem anderen Zustand, weshalb das Lernen schwieriger ist, als es gewesen wäre, wenn Sie aufgepasst hätten.

Achtsamkeit wird Ihnen helfen, zurück in die Klasse zu kommen. Manchmal wissen wir, was nötig ist, um aufmerksam zu sein, aber wir erkennen nicht immer, wenn wir anfangen, Tagträumen nachzugehen. Wir erkennen nicht immer, dass wir uns dissoziieren, es sei denn, im Nachhinein, wenn wir uns fragen, wo wir waren oder was in den letzten Minuten passiert ist. Wenn wir zu oft dissoziieren, treten negative Nebenwirkungen wie Angst, Verwirrung und Gedächtnisverlust auf.

# Achtsamkeit

Achtsamkeit ist ähnlich wie Meditation, muss aber nicht auf die gleiche Weise praktiziert werden. Sie können achtsam sein, während Sie an der Kasse auf der Arbeit sind. Achtsamkeit kann während eines Gesprächs mit einem Freund praktiziert werden. Sie können Achtsamkeit auch praktizieren, wenn Sie alleine auf der Couch zu Hause sitzen. Es gibt viele Möglichkeiten, Achtsamkeit zu praktizieren, und es gibt keine festen Regeln, wann und wo Sie es tun sollten. Es hängt alles von Ihnen und der Situation ab, in der Sie versuchen, achtsam zu sein.

Es gibt verschiedene Methoden, achtsam zu sein, aber je mehr Sie üben, desto besser werden Sie in Ihrer eigenen Methode. Nicht jeder wird feststellen, dass jede dieser Methoden für sie funktioniert, daher sollten Sie sicherstellen, dass Sie diejenige auswählen, die am besten zu Ihnen passt. Diese Methoden können angewendet werden, wenn Sie auf der Couch sitzen und sich über etwas, das außerhalb Ihrer Kontrolle liegt, Sorgen machen. Oder wenn Sie versuchen einzuschlafen und depressive Gedanken nicht aufhören, achten Sie auf Ihre Gedanken.

Außerdem, wenn Sie auf einer Party sind und sich über Ihr Aussehen oder das, was Sie anderen erzählen, Sorgen machen, seien Sie achtsam. Wenn Sie etwas sehen, das Sie auslöst, aber die Situation nicht verlassen können, seien Sie achtsam. Im Grunde genommen, immer wenn Sie das Gefühl haben, mehr zu benötigen als das, was Ihnen zur Verfügung steht, ist es eine gute Idee, Achtsamkeit zu praktizieren. Es kann beängstigend und überwältigend erscheinen, aber es liegt an Ihnen, Ihr Bestes zu geben, um in der Realität verankert zu bleiben und nicht in Ihre aufdringlichen, verzerrten und ungesunden Gedanken abzudriften.

Während dieser Übungen sollten Sie sich daran erinnern, dass, wenn Ihr Geist wieder zu ängstlichen Gedanken zurückkehrt, Sie sich nicht bestrafen sollten. Geben Sie Ihr Bestes, um Ihren Geist weiterhin auf die Gegenwart umzuleiten. Am Anfang wird das schwierig sein.

Aber je mehr Sie diese Methoden üben, desto einfacher wird es, mit der Gegenwart verbunden zu bleiben und nicht in die Zukunft abzuschweifen oder in der Vergangenheit steckenzubleiben. Sie werden ein besseres Verständnis dafür entwickeln, wie Sie sich auf das "Jetzt" konzentrieren können, anstatt sich von Ängsten verursachte Gedanken zu machen.

Gruppenachtsamkeit ist ebenfalls wichtig. Wenn Sie in einem Arbeitsumfeld mit vielen Menschen arbeiten, wissen Sie, dass Sie manchmal deren Stress spüren und dadurch gestresst werden. Wenn Achtsamkeit in der Gruppe praktiziert wird, wird sie die allgemeine Gesundheit aller fördern.

Spiele sind eine großartige Möglichkeit, achtsam zu sein. Suchen Sie nach kostenlosen Handyspielen, die Ihnen helfen, Stress abzubauen. Jedes Mal, wenn Sie sich ängstlich fühlen, können Sie spielen, anstatt mit Ihren ängstlichen Gedanken dazusitzen. In einer Gruppen- oder Einzelsituation sind auch Rätsel großartig. Sie könnten sogar darüber nachdenken, eines auf den Tisch bei einer Party zu legen, um die Leute abzulenken, wenn sie nicht besonders aktiv sind.

Suchen Sie nach Wegen, Spiele in Ihren Alltag zu integrieren. Statt nach dem Abendessen auf dem Sofa zu sitzen und fernzusehen, spielen Sie ein Spiel mit Ihrer Familie, um alle von depressiven Gedanken abzulenken. Oder versuchen Sie, Kreuzworträtsel, Sudoku und Kreuzworträtsel zu machen, um Ihre Hände zu beschäftigen. Auch Malbücher für Erwachsene sind großartig.

**Entspannter Detektiv**

Das Folgende ist eine gute Übung, um sich zu zentrieren und einen ruhigen Geisteszustand zu erreichen. Stellen Sie sich sich selbst wie einen Detektiv vor, der nach Hinweisen sucht. Nehmen Sie die Details Ihrer Umgebung auf. Beachten Sie die Farbmuster des Bereichs: das Gras und den Himmel oder die Kunstwerke und Bilder, wenn Sie drinnen sind. Beachten Sie die Menschen um Sie herum. Sind sie groß? Klein? Beachten Sie die Farben und Stile ihrer Haare. Die Beobachtung aller Details um Sie herum mit der Mentalität eines Detektivs kann Ihnen helfen, sich besser zu konzentrieren.

**Mantra-Zitate**

Merken Sie sich einige Ihrer Lieblingszitate, die Sie in Ihrem Kopf wiederholen können, wenn Sie gestresst sind und einen produktiveren und ausgewogeneren Geisteszustand erreichen müssen. Das Tao I-Ching enthält einige gute, wie zum Beispiel: "Sechzehn Strahlen treffen sich in der Radnabe, aber nicht diese Strahlen machen das Rad nützlich. Es ist vielmehr die Leere in der Mitte. Ein Töpfer kann eine schöne Vase formen, aber die Vase selbst ist nicht wichtig, sondern die Leere in ihrem Inneren, die Sie füllen werden."

Zitate wie dieses können Ihnen helfen, sich zu konzentrieren und zentriert zu bleiben.

**Die Pause des Politikers**

Ein weiteres Rollenspiel besteht darin, sich vorzustellen, ein Politiker zu sein. Nehmen Sie Ihren Stress und geben Sie ihm in Ihrem Kopf eine positive Wendung, als würden Sie Ihren Wählern Bericht erstatten, anstatt sich damit herumzuschlagen. Ein wenig Übung kann diese Technik sehr nützlich machen: Sie können lernen, Probleme allgemein und abstrakt zu sich selbst zu formulieren, was Ihnen hilft, sich auf positive Aspekte zu konzentrieren.

**Gefaktes Gähnen**

Ist es Ihnen schon einmal passiert, dass jemand in Ihrer Nähe gegähnt hat und Sie dann plötzlich auch gegähnt haben? Das ist uns allen passiert und es kann überraschend hilfreich für einen schnellen und soliden Zustand der Achtsamkeit sein. Gähnen Sie langsam und absichtlich, und Sie können dieses Verhalten in sich selbst auslösen. Auf diese Weise erhalten Sie einen sofortigen Schub meditativen und entspannten Zustands, und manchmal ist genau das alles, was Sie brauchen, um sich wieder zu konzentrieren.

Körperscan

Diese Technik wird oft assistiert, kann aber auch alleine durchgeführt werden. Legen Sie sich auf den Rücken und legen Sie Ihre Hände entlang Ihrer Hüften. Der Scan beginnt damit, sich auf Ihren Atem zu konzentrieren.

Beachten Sie das Atemmuster, bevor Sie sich auf die Empfindungen in Ihren Füßen, dann in Ihren Beinen und schließlich in Ihrem gesamten Körper konzentrieren.

Beachten Sie das Gefühl, Ihre Zehen zu bewegen und das Gefühl der Matte unter Ihnen. Notieren Sie eventuelle Schmerzen oder Beschwerden, während Sie langsam Ihren Körper scannen. Schließlich, nachdem Sie Ihren Körper auf diese Weise gescannt haben und bis zum Kopf gelangt sind, beachten Sie das Gefühl Ihrer Kopfhaut auf dem Kissen. Öffnen Sie dann die Augen und Sie werden feststellen, dass Sie achtsam und ausgeruht sind.

**Achtsames Zuhören**

Diese Übung wird normalerweise in der Gruppe durchgeführt, kann aber bei Paaren, die sich nahestehen und offen zueinander sind (oder dies anstreben), ein äußerst nützliches Werkzeug sein, um einen meditativen Zustand des Verständnisses und der Achtsamkeit sowohl sich selbst als auch dem anderen gegenüber zu erreichen. Sie beginnen, indem Sie sich nah beieinander hinsetzen. Jede Person spricht ohne Unterbrechung über etwas, das sie belastet, und etwas, auf das sie sich freut. Wenn die erste Person fertig ist, spricht die andere Person über ihren individuellen Stress und worauf sie sich freut.

Die Person, die gerade spricht, sollte sich auf ihre Gefühle in Bezug auf das Sprechen und das Gesagte konzentrieren - wie ihre Gedanken wandern oder wie sich ihr Körper anfühlt. Sie sollte auch auf die Körpersprache der anderen Person während des Gesprächs achten. Die zuhörende Person sollte sich darauf konzentrieren, wie sie sich beim Zuhören fühlt, und auf die Körpersprache der sprechenden

Person. Auf diese Weise können Sie die persönliche Körpersprache verstehen, was ziemlich nützlich für die gesamte Übung ist, aber es gibt noch viel mehr aus dieser Praxis zu gewinnen.

Am Ende der Übung beschreibt jede Person, wie sie sich beim Sprechen und Zuhören gefühlt hat. Einige Überlegungen könnten sein: Wie habe ich mich gefühlt, während ich gesprochen habe? Beim Zuhören? Ist mein Geist abgeschweift? Habe ich mich beurteilt gefühlt oder habe ich Urteile ausgedrückt?

Für Paare könnte ein guter Abschluss darin bestehen, das, was die andere Person gesagt hat, mit den eigenen Worten zu wiederholen. Es sollten keine Werturteile abgegeben werden, aber positive Aussagen sind in Ordnung. Beispiele für abschließende Kommentare sind: "Ja, das ist nah dran/genau das, was ich kommunizieren wollte" oder "Ich glaube nicht, dass es alles ist, aber wir werden weiter daran arbeiten, um uns beide gehört zu fühlen."

Erwarten Sie keine sofortigen Ergebnisse, aber mit dieser Technik können Sie Nähe und Achtsamkeit in Ihrer Beziehung fördern. Wie bei allem, was wertvoll ist, erfordert es ein wenig Arbeit, aber die Ergebnisse werden Ihnen gefallen.

## Rosine

Weniger mit spezifischen Gefühlen verbunden, ist die "Rosine" eine weitere beliebte Achtsamkeitstechnik, die mit dem Geschmack verbunden ist und Ihnen helfen kann, den Geist aus emotionalen Turbulenzen oder den Gefahren von Angst herauszuholen. Diese Technik beinhaltet das

Nehmen einer Rosine und so zu tun, als ob es das erste Mal ist, dass Sie eine essen. Beachten Sie, wie sie sich in Ihrer Hand anfühlt und ihre Konsistenz, wenn Sie sie zwischen den Fingern zusammendrücken. Wie riecht sie? Lecken Sie sie. Wie schmeckt sie, bevor Sie hineinbeißen? Danach? Die einfache Handlung des Verlangsamens und des Betrachtens aller Phasen des Genießens dieser Frucht kann beruhigende Auswirkungen auf Ihre Gedanken haben, Sie für einen Moment ablenken und Sie in einen angemessenen Zustand der Achtsamkeit in Ihren Gedanken versetzen.

**Die fünf Sinne**

Die "fünf Sinne" sind eine weitere großartige Technik, die nichts weiter erfordert als Ihren eigenen Körper. In diesem Fall müssen Sie nicht aufstehen und Gegenstände greifen, sondern sie nur im Kopf identifizieren. Diese Methode hilft Ihnen, alle fünf Ihrer Sinne kennenzulernen, nämlich das Sehen, Hören, Fühlen, Riechen und Schmecken. Zudem reduziert das Herunterzählen von fünf die Wahrscheinlichkeit, dass Sie von aufdringlicheren Gedanken unterbrochen werden.

Beginnen Sie damit, fünf Dinge zu identifizieren, die Sie sehen können. Dies können fünf beliebige Dinge sein, die Sie einfach mit Ihrem Gehirn und Ihren Augen erfassen müssen. Vielleicht handelt es sich um das Sofa vor Ihnen oder um den Tisch, auf dem all Ihre Sachen liegen.

Dann finden Sie vier Dinge, die Sie berühren können. Es könnte Ihr Bein sein, oder vielleicht die weiche Decke, die Sie umgibt.

Wählen Sie als Nächstes drei Dinge aus, die Sie hören können. Vielleicht der Wind, der gegen die Fenster schlägt, oder vielleicht ein bellender Hund draußen.

Jetzt finden Sie zwei Dinge, die Sie riechen können. Sie können Gerüche möglicherweise nicht leicht erkennen, wie zum Beispiel den Duft einer Kerze oder eines Parfüms, aber vielleicht hat das Sofa, auf dem Sie sitzen, einen bestimmten Geruch oder Sie leben über einem Café.

Schließlich wählen Sie eine Sache aus, die Sie schmecken können. Sie sollten dieses Objekt nicht wirklich kosten, aber es gibt etwas in dem Raum, in dem Sie sich befinden, das einen Geschmack hat, also, was könnte es sein? Wiederholen Sie diesen Vorgang, so oft Sie möchten, um im gegenwärtigen Moment verankert zu bleiben.

# Kapitel 7 Umgang mit Schuldgefühlen

## Verantwortung übernehmen, aber nicht sich selbst beschuldigen

Es gibt einen großen Unterschied zwischen Verantwortung übernehmen und sich selbst beschuldigen. Der Unterschied besteht darin, dass sich selbst zu beschuldigen zusätzliche Probleme und Belastungen schafft. Ihr Geist wird schwer und geplagt, wenn Sie das Schuldspiel beginnen. Sie werden zum Opfer und zum Schuldigen werden. Dies ist eine zu große Belastung für Ihre Gesundheit und kann dazu führen, dass Sie noch mehr zusammenbrechen. Sich selbst zu beschuldigen bedeutet, Schuldgefühle über sich selbst zu gießen und Ihrem Geist mehr Arbeit zu geben. Dies wird Ihnen nicht in Ihrer aktuellen Situation helfen. Opfer zu sein, ohne sich schuldig zu fühlen, ist jedoch eine bessere Wahl. Sie können akzeptieren, Opfer zu sein, aber nicht schuldig. Das Schuldige-Sein könnte Sie glauben lassen, dass Sie Ihr Schicksal ertragen müssen und dass es nichts gibt, was Sie oder jemand anderes dagegen tun können. Aber das stimmt nicht. Es ist nur Ihr Geist, der seine Rolle in der von Ihnen gewählten Situation spielt.

Andererseits wird die Übernahme der Rolle des Opfers und die Verantwortung für Ihre Gesundheit und das, was geschehen ist, Ihnen die Stärke geben, einen Ausweg zu finden. Wenn Sie sich dafür entscheiden, Verantwortung zu übernehmen, werden Sie Pläne erstellen, die Ihren Heilungsprozess leiten. Selbst Depression und Angststörungen werden durch Schuldgefühle genährt, aber wenn Sie Verantwortung übernehmen, ohne sich selbst zu beschuldigen, geben Sie Ihrem Geist die Stärke und den Mut, allem zu begegnen, was auf Sie zukommt. Suchen Sie bewusst und aktiv nach Lösungen für alles, was passiert ist, und schließlich werden Sie sich besser fühlen.

## Sich keine Sorgen über Dinge machen, die Sie nicht kontrollieren können

Sich Sorgen zu machen, löst nie etwas, sondern verschlimmert nur die Situation und lässt Sie noch mehr leiden. Sie müssen verstehen, wann die Dinge außerhalb Ihrer Kontrolle geraten und aufhören, sich Sorgen darüber zu machen, genauso wie Sie die Verantwortung für die Dinge übernehmen müssen, die um Sie herum geschehen. Einige Dinge liegen außerhalb Ihrer Möglichkeiten, also machen Sie sich keine Sorgen. Sich Sorgen zu machen wird Ihnen nur mehr Schmerzen zufügen, was Sie in Ihrem Leben nicht brauchen. Sorgen können Sie auch zu weiteren Fehlern führen, da Sie unfähig werden, vernünftige Entscheidungen zu treffen, und das kann Ihnen noch mehr schaden. Sie können sich nicht um alles kümmern, genauso wenig wie Sie alles lösen können. Sie müssen also aufhören, sich über Dinge Gedanken zu machen, bei denen Sie wissen, dass Sie nichts dagegen tun können. Sich über diese Dinge Sorgen zu machen, wird Sie fühlen lassen, als ob es Ihre Schuld wäre, selbst wenn Sie keine Ahnung haben, was schief gelaufen ist. Eine Verantwortung zu übernehmen, um die Dinge in Ordnung zu bringen, ist positiv, aber sich Sorgen über Dinge zu machen, die außerhalb unserer Zuständigkeit liegen, ist nie der beste Weg, mit ihnen umzugehen.

Wenn die Dinge schief gehen, ist es in Ordnung, besorgt zu sein, aber nicht zu sehr. Bevor Sie sich Sorgen machen, sollten Sie das Problem, wenn es existiert, identifizieren und es notieren. Als nächstes sollten Sie die Natur des Problems feststellen. Sobald die Natur des Problems ermittelt wurde, geht es darum zu prüfen, ob etwas getan werden kann, um zu helfen. Wenn Sie feststellen, dass es nichts gibt, was Sie tun können, dann lassen Sie es los. Aber wenn Sie herausfinden, dass nichts getan werden kann, versuchen Sie, sich keine Sorgen zu machen.

## Vergeben Sie sich selbst

Wenn etwas schief gelaufen ist oder jemand Sie verletzt hat, ist es nicht an der Zeit, sich in Tränen zu begraben und sich mit Schuldgefühlen zu bestrafen. Möglicherweise haben Sie einen Fehler gemacht und es ist alles Ihre Schuld, das ist in Ordnung. Jeder hat irgendwann Fehler gemacht, die etwas gekostet haben; Sie sind nicht allein. Fehler zu machen ist eine der Dinge, die uns menschlich macht, und es ist auch eine der Dinge, die uns wachsen lassen. Wenn Sie noch nie einen Fehler im Leben gemacht haben, bedeutet das, dass Sie noch nicht angefangen haben zu leben. Es ist unmöglich, durchs Leben zu gehen, ohne zu einer Zeit oder einer anderen eine falsche Entscheidung zu treffen. Der Umgang mit solchen Situationen besteht darin, sich selbst zu vergeben und weiterzumachen. Wenn

Sie einen Fehler gemacht haben und es nicht richtig gemacht haben, lernen Sie, sich zu verzeihen und die Schuld loszulassen, die sich in Ihrem Kopf breitmacht. Verschließen Sie sich nicht im Gefängnis Ihres Unterbewusstseins und erwarten Sie nicht, dass etwas Gutes passiert. Sich selbst zu vergeben, wird Ihnen viel mehr inneren Frieden bringen und verhindern, dass weitere Gesundheitsprobleme auftreten oder depressive oder ängstliche Episoden ausgelöst werden.

Wenn andere schuldig sind oder Ihnen Unrecht getan haben, müssen Sie trotzdem lernen, ihnen zu vergeben. Das Nicht-Vergeben wird Sie bitter und traurig machen. Wenn Ihnen jemand wehtut und Sie sich weigern, ihm zu vergeben, geben Sie ihm die Macht, Sie immer wieder zu verletzen, jedes Mal, wenn Sie ihn sehen oder sich an das Geschehene erinnern. Das Nicht-Vergeben von Menschen für das, was sie Ihnen angetan haben, ist eine einfache Möglichkeit, wütend zu bleiben. Sie umgeben sich mit negativen Energien, die letztendlich dazu führen, dass es Ihnen schlecht geht und als perfekter Auslöser für eine weitere depressive oder ängstliche Episode dienen. Anstatt an Menschen festzuhalten und sich im Gefängnis Ihres Unterbewusstseins einzusperren, vergeben Sie ihnen und machen Sie in Ihrem Leben weiter.

Wenn Sie vergeben, werden Sie eine gewisse Wärme verspüren. Wenn Sie Schuldgefühle haben, die Sie nicht erklären können, sollten Sie eine kleine Reise in Ihrem Geist unternehmen. Machen Sie eine Rückschau und Selbstreflexion über Ihr Leben seitdem Sie sich erinnern können. Diese Tour ist wie eine Reise durch die Zeit; Sie können es Ihre Zeitreise nennen. Der Kern dieser Reise besteht darin, die Stellen zu finden, an denen Sie Fehler gemacht und diese nicht korrigiert haben. Unsere Vergangenheit hat eine Art, uns in der nahen Zukunft zu beeinflussen. Sie müssen sich mit Ihrer Vergangenheit versöhnen, denn Ihre Vergangenheit kann Ihre Gegenwart begrenzen und Ihnen eine gute Zukunft verweigern. Machen Sie Ihre Entdeckungen und schließen Sie Frieden. Eine Möglichkeit zur Versöhnung besteht darin, sich selbst für das begangene Unrecht zu vergeben und herauszufinden, ob es anhaltende Konsequenzen gibt. Wenn ja, dann müssen Sie einen Weg finden, diese zu stoppen, sonst werden Sie weiterhin von sich selbst verfolgt.

Im Allgemeinen hüllt Vergebung den Geist ein und verschafft dem Herzen Liebe, wodurch es warm wird und Ihnen inneren Frieden verschafft.

## Man muss lernen, loszulassen

Der menschliche Verstand ist eine Bibliothek mit genügend Regalen für all die Erfahrungen, die Sie hineinlassen. Wenn Ihnen schlimme Dinge passieren, wenn Menschen Ihnen wehtun, hinterlassen sie eine Spur in Ihrem Verstand, die Sie gegen sie verwenden können. Leider sind Sie nicht die einzigen, die unter dem Einfluss Ihrer Gedanken leiden, die an diese Erinnerungen festhalten: Sie verletzen sich selbst. Wenn Sie an gesundheitlichen Problemen wie Depression und Angststörungen leiden, ist das Letzte, was Sie in Ihrem Kopf wollen, die Erinnerungen an Menschen, die Ihnen zu einem bestimmten Zeitpunkt Schaden zugefügt haben. Erinnerungen allein können Sie verfolgen und mehr verletzen als das eigentliche Ereignis.

Deshalb müssen Sie lernen loszulassen. Sobald Sie vergeben haben, ist der nächste Schritt das Loslassen. Wenn solche Erinnerungen in Ihrem Kopf bleiben, besteht eine hohe Wahrscheinlichkeit, dass Sie mit Schuldgefühlen kämpfen. Sie könnten sich schuldig fühlen, weil Sie sie leiden lassen oder wegen irgendeinem anderen Schmerz, den Sie erlitten haben. Fühlen Sie sich nicht schuldig, wenn Sie an Dingen festhalten, die Ihnen wehgetan haben. Die Menschen, die Ihnen wehgetan haben, könnten ihr Leben genießen und sich wohlfühlen, während Sie sich aufgrund dessen, was Ihre Schuld gewesen sein könnte, Chancen verweigern.

Ich werde hier nicht behaupten, dass es einfach ist, loszulassen; loslassen könnte das Schwierigste sein, was man tun kann, aber am Ende wird es sich lohnen. Der Prozess des Loslassens beginnt mit der Entscheidung, loszulassen. Sobald Sie sich entschieden haben, loszulassen und es wirklich meinen, wird Ihr Geist beginnen, daran zu arbeiten, und je mehr Sie es bewusst ignorieren, desto mehr werden Sie loslassen. Dies wird Ihnen helfen, jeglichen Griff, den es auf Sie hatte, zu lösen. Sie können nicht loslassen, wenn Sie sich nicht zuerst dafür entscheiden. Die Kraft der Wahl bleibt der Schlüssel zu diesem Prozess.

## Umgang mit Feindseligkeit und Kritik

Wir leben in einer Welt, in der Menschen natürlicherweise das kritisieren, was sie nicht verstehen und schätzen. Wenn Sie immer auf Schulterklopfen warten, bereiten Sie sich darauf vor, Ihr ganzes Leben lang enttäuscht zu sein.

Sie können jede Situation bewältigen, wenn Sie sich engagieren. Der Mensch wird immer Mensch sein, und Kritik und Feindseligkeit sind bereits Teil des Menschseins. Lassen Sie sich nicht entmutigen. Die folgenden Schritte können Ihnen helfen, mit Kritik und Feindseligkeit umzugehen.
Für eine gültige und konstruktive Kritik

Nicht alle Kritiken sind negativ, aber Menschen, die unter Depressionen und Angststörungen leiden, können jede Kritik als direkten Angriff auf ihre Gesundheit sehen. Wenn Kritik gültig ist und konstruktiv geäußert wird, ist es wichtig, zuzuhören, da sie langfristig hilfreich sein kann. Sie sollten sich einfach darauf konzentrieren, was die Person sagt, während Sie sich beruhigen. An diesem Punkt könnten Sie versucht sein, auf die Kritik zu reagieren, aber wenn Sie ruhig bleiben und darauf achten, was die Person sagt, anstatt wer sie ist, könnten Sie in der Lage sein, darüber hinwegzukommen. Wenn Sie sich von dem Gedanken ablenken lassen, dass die Person Sie kritisiert, besteht die Gefahr, dass die Gültigkeit der Kritik entgeht und Sie gegen die Person oder sogar gegen sich selbst ausflippen, wodurch Sie sich noch mehr verletzen.

## Ungültige und destruktive Kritik

Wenn Sie kritisiert werden und wissen, dass die Kritik der Person ungültig ist und darauf abzielt, Sie anzugreifen, sollten Sie nicht explodieren. Die richtige Vorgehensweise in diesem Fall besteht darin, sich zu beruhigen, anstatt auf das zu achten, was die andere Person sagt. Je mehr Aufmerksamkeit Sie den destruktiven Kommentaren der Person schenken, desto schlechter und verletzter fühlen Sie sich. Denken Sie daran, es geht nicht um die Person, sondern um Sie. Deshalb dürfen Sie nicht zulassen, dass die negativen Kommentare dieser Person Sie verwirren. Bleiben Sie ruhig und ignorieren Sie die Kommentare.

## Wenn Kritik unfair ist

Es gibt Momente, in denen die Kritik unfair ist, und Sie haben Recht. Das ist nicht der Zeitpunkt, um sich schlecht und besorgt zu fühlen. Klären und erklären Sie, aber verbringen Sie keine Zeit damit, sich zu entschuldigen. Wenn Sie sich behaupten und sich erklären, damit die Menschen die Dinge aus Ihrer Sicht sehen, werden Sie sich besser fühlen. Sie werden sich viel besser fühlen, als wenn Sie sich entschuldigen, auch wenn Sie im Recht sind und im Unrecht sind. Einige Kritik kann Sie fühlen lassen, als ob Sie nicht wissen, was Sie tun, aber Sie müssen lernen, Ihre Argumente geltend zu machen, anstatt dem Verlangen nachzugeben, sich klein zu machen.

## Wenn Kritik dazu dient, Sie anzugreifen

Sie wissen, wenn jemand tyrannisch ist oder sich Ihnen gegenüber feindselig verhält. Wenn Sie sich mit solchen Menschen konfrontiert sehen, ist es das Beste, einfach alles zu ignorieren, was sie sagen, und zu versuchen, überhaupt nicht zu reagieren. Gehen Sie weg von ihnen und lassen Sie sie Sie als Feigling bezeichnen, wenn sie möchten. Sie schützen sich nur vor dem, was Ihnen weitere Schmerzen bereiten könnte.

Wenn Menschen nonverbale Signale verwenden, um Sie zu kritisieren oder Sie schlecht fühlen zu lassen, fragen Sie nach Klarstellungen, anstatt sich schlecht zu fühlen.

Möglicherweise schämen sie sich, wenn sie versuchen, sich zu erklären, aber die meisten von ihnen haben nicht den Mut, Ihnen ins Gesicht zu treten oder zu sprechen und verstecken sich lieber hinter Gesten.

Versuchen Sie immer, sich in feindlichen Situationen zu bewegen. Überprüfen Sie, wie Sie auf die Handlungen der Menschen reagieren, und lassen Sie nicht zu, dass sie Ihre Gesundheit ausnutzen. Die Wahrheit ist, einige von ihnen sind in schlechteren Verfassungen als Sie und könnten dies hinter ihren beschämenden Handlungen verbergen.

# Selbstwertgefühl aufbauen

### Glauben Sie an sich selbst

Ein Glaubenssystem ist viel mehr als nur Ideen, die der Verstand akzeptiert; es ist eine Kraft, die die Gedanken, Handlungen und Reaktionen einer Person sowie letztendlich ihren Lebensstil formt. Stellen Sie sich vor, Sie haben ein Glaubenssystem, das darauf ausgerichtet ist, Ziele zu erreichen; Ich bin sicher, Sie werden nahezu unaufhaltsam sein. Der beste Weg, das Selbstwertgefühl aufzubauen, besteht darin, an sich selbst zu glauben. Selbstwertgefühl ist ein unverzichtbares Werkzeug, das Sie benötigen, um psychische Gesundheitszustände wie Depressionen und Angststörungen zu bewältigen. Diese psychischen Störungen haben die Fähigkeit, Sie sich minderwertig gegenüber den Menschen um Sie herum fühlen zu lassen. Manchmal fühlen Sie sich, als ob Sie nichts wert wären, und Ihr Selbstwertgefühl wird so stark gesenkt, dass Sie Ihr Leben beenden möchten. Aber indem Sie an sich selbst glauben, können Sie mutig jeder

Bedrohung oder Herausforderung entgegentreten und mit einem Ergebnis herauskommen, das besser ist, als Sie es sich vorstellen können. Sie müssen verstehen, dass Sie die Fähigkeit haben, über die Grenzen Ihres Gesundheitszustands hinauszugehen. Der erste Schritt ist, an sich selbst und Ihre Fähigkeiten zu glauben. Lassen Sie viele Dinge los, die Sie daran gehindert haben zu glauben, dass Sie viel erreichen können, um eine neue Realität, eine neue Identität zu umarmen, und Sie werden sich auf jeden Fall besser weiterentwickeln.

**Entscheiden Sie sich, mutig zu sein**

Was auch immer passiert, das Leben wird Ihnen immer die Macht geben, zu wählen, was Sie aus sich machen möchten. Sie können sich dafür entscheiden, sich in der Identität zu verstecken, die Ihr Gesundheitszustand geschaffen hat, oder Sie können sich entscheiden, mutig gegen jede Vorhersage zu bleiben. Es wird nie einen Zeitpunkt geben, an dem alles für Sie funktionieren wird; es gibt Zeiten, in denen Ihre Flammen brennen werden und Sie vom Abgrund stürzen werden. Das mit Ihrem Gesundheitszustand verbundene Stigma kann Sie in tausend Stücke zerbrechen, aber in diesen Momenten müssen Sie verstehen, dass Sie nur mit einer Situation konfrontiert sind und dass nur Sie die Macht haben, deren Ergebnis zu bestimmen. Entscheiden Sie sich, mutig zu sein und Ihre neue Identität zu umarmen. Wenn Sie verletzt werden, nehmen Sie es als eine Menge, die darauf wartet, dass Sie aufstehen, denn wenn Sie es tun, werden dieselben Menschen, die Sie ausgepfiffen haben, Ihnen einen herzlichen Applaus geben. Wenn Sie Mut mit Selbstvertrauen verbinden, sind Sie auf dem besten Weg, Ihre Grenzen zu überwinden und sich bei jedem erfolgreichen Schritt definitiv besser zu fühlen.

## Achten Sie mehr auf Ihren Weg als auf das, was andere sagen

Egal, ob Sie Erfolg haben oder scheitern, die Menschen haben immer negative Kommentare abzugeben. Sie können es sich nicht leisten, den Worten jedes Tom, Dick und Harry Aufmerksamkeit zu schenken. Selbst diejenigen, die sich um Sie sorgen und tatsächlich gute Absichten haben, können manchmal negative Dinge über Sie sagen oder Sie betreffen. Dies sollte Ihnen sagen, dass es keinen Raum für das Scheitern gibt. Sie sind auf einer Reise, und vielleicht erkennen Sie sie noch nicht einmal als solche, deshalb hören Sie weiterhin Nebengespräche über sich selbst. Diese Nebengespräche sind Ablenkungen, die Sie daran hindern, sich auf Ihre Reise zu konzentrieren. Wenn Sie weiterhin auf das hören, was die Leute über Sie sagen, weil Sie an Depressionen oder Angststörungen leiden, werden Sie sich verschlechtern. Um Ihr Selbstwertgefühl hoch zu halten, müssen Sie sich mehr auf sich selbst, Ihren Therapeuten und Ihren Prozess konzentrieren. Dies sind einige der drei Hauptdinge, die Ihnen helfen können, voranzukommen. Ihre Reise ist das Wichtigste, und Sie müssen sich auf jeden Prozess verlassen, der Sie begleitet. Um Ihr Selbstwertgefühl aufzubauen, sollte Ihre eigene Stimme wichtiger sein als die der Menschen um Sie herum. Sie müssen lernen, weniger von Menschen und mehr von sich selbst abhängig zu sein. Dies ist die Zeit in Ihrem Leben, in der Sie ruhig unabhängig sein dürfen, vorausgesetzt, dies hindert Sie daran, von anderen abhängig zu sein und von negativen Kommentaren abgelenkt zu werden. Wenn Sie weniger von Menschen abhängig werden, könnten Sie möglicherweise nie in der Lage sein, viele Dinge alleine zu bewältigen, weil Sie immer Angst haben könnten, es alleine zu tun.

Stellen Sie sicher, dass der Prozess wichtig ist und Sie sich durch eigene Anstrengungen heilen können.

# Kapitel 8 - Mentalität

Die Wahrnehmungen und Überzeugungen, die Sie über sich selbst haben, werden als Ihre Mentalität bezeichnet. Diese Vorstellungen oder Überzeugungen, die Sie über sich selbst haben, bestimmen Ihre mentale Einstellung, Ihre generelle Lebensperspektive, wie Sie mit den Situationen, die sich Ihnen bieten, umgehen, und sie beeinflussen das Verhalten, das Sie als Reaktion auf das, was Sie erleben, zeigen. Wenn Sie glauben, ein Ziel erreichen zu können und dieses Ziel dann auch erreichen, haben Sie die richtige Mentalität, um dies zu erreichen. Wenn Sie glauben, etwas nicht tun zu können, dann werden Sie es nicht tun, weil Ihre Mentalität Sie zurückgehalten hat.

## Die Mentalität des Wachstums

Menschen mit einer Mentalität des Wachstums glauben, dass ihre grundlegenden Fähigkeiten durch harte Arbeit und Engagement gestärkt und entwickelt werden können. Diese Vorstellung bildet den Kern ihres Glaubenssystems. Für diese Personen sind Talent und Intelligenz nur der Anfang.

Zwischen den beiden ist die Mentalität des Wachstums die, die Sie entwickeln möchten. Diese Mentalität erlaubt es Ihnen, Misserfolge und Rückschläge willkommen zu heißen und sie als Lektionen zu betrachten. Es ist die Mentalität, die es Ihnen ermöglicht, Ihr Verhalten kritisch zu analysieren, zu ändern und an die Situation anzupassen. Diese Mentalität wird stark beeinflussen, welchen Erfolg

Sie im Laufe Ihres Lebens haben werden. Menschen mit einer Mentalität des Wachstums sind davon überzeugt, dass Engagement das Wichtigste ist und sie sind bereit zu lernen, sich anzupassen, zu wachsen und alles zu tun, um das zu erreichen, was sie wollen. Sie sind widerstandsfähig und mutig, sie weichen niemals vor einer Herausforderung zurück. Dies ist die Art von Mentalität, nach der Sie streben sollten, während Sie daran arbeiten, Ihre Angst zu überwinden.

## Die Mentalität des Festen

Andererseits glauben Menschen mit einer Mentalität des Festen, dass Talent und Intelligenz Eigenschaften sind, die man von Geburt an hat und die nicht verändert werden können. Sie lassen diese Überzeugungen ihren Erfolg oder Misserfolg definieren, da sie mehr Zeit darauf verwenden, ihre vorhandenen Talente zu dokumentieren, anstatt etwas dagegen zu unternehmen. Sie arbeiten nicht daran, die Talente, die sie haben, zu entwickeln, weil sie glauben, dass diese Qualitäten von Geburt an "fest" sind. Entweder hat man sie oder man hat sie nicht.

Diese Menschen verwenden oft Sätze wie "dumm" oder "brillant", wenn sie über sich selbst sprechen. Da sie glauben, dass diese Qualitäten nicht verändert werden können, neigen sie dazu, Herausforderungen zu vermeiden, bei denen sie denken, dass sie scheitern werden. Wenn sie vor ein Hindernis gestellt werden, ist es nicht ungewöhnlich, dass sie sagen: "Ich schaffe das nicht!" oder "Ich werde scheitern." Sie rechtfertigen sich und versuchen, die Gründe dafür zu rechtfertigen, warum sie sich der Herausforderung nicht stellen.

# Sich auf den Moment konzentrieren

Die meiste Zeit, in der wir wach sind, verbringen die meisten von uns damit, über etwas nachzudenken oder sich Sorgen zu machen. Wir sind nicht im Moment präsent und denken nicht aktiv über das nach, was wir tun. Entweder erledigen wir Aufgaben automatisch oder eilig, ohne darauf zu achten. Kurz gesagt, wir achten nicht genug auf den Moment. Wie bereits erwähnt, stellte sich heraus, dass etwa 50% der Teilnehmer feststellten, dass ihr Geist nicht auf die aktuelle Aufgabe ausgerichtet war. Darüber hinaus erkannten die Teilnehmer, dass umherschweifende Gedanken zu mehr Unzufriedenheit führten, da sie nicht auf die Aufgabe konzentriert waren.

Warum sind wir unglücklich, wenn unser Geist umherschweift? Wahrscheinlich liegt das daran, dass die meiste Zeit viel "Lärm" in unseren Köpfen herrscht. Erinnerungen, Gedanken an vergangene Ereignisse, Sorgen über die Zukunft, das Ausdenken von Szenarien, die noch nicht eingetreten sind (oder vielleicht nie eintreten werden). Das Problem ist, dass es so einfach ist, von unseren Gedanken mitgerissen zu werden. Wie eine Flut, die uns wegträgt, ist es fast unmöglich, der Anziehungskraft zu widerstehen. Je tiefer uns die Gedanken mitreißen, desto schwerer ist es, uns daraus zu befreien. Wir wissen, dass dieses Denkmuster uns nicht guttut und auch unserer psychischen Gesundheit nicht zuträglich ist. Und doch macht es in vielerlei Hinsicht süchtig. Wenn dem nicht so wäre, würden wir nicht so viel Zeit mit Sorgen oder Ängsten verbringen.

Konzentrieren Sie sich auf den Moment. Das ist es, was Sie tun müssen, um die Kontrolle zurückzuerlangen. Es ist ein einfaches Konzept, aber sehr effektiv. Wenn Sie sich auf die Gegenwart konzentrieren, können Sie viel dazu beitragen, Ihre Gedanken und damit verbundene Emotionen zu verändern. Holen Sie Ihren Geist immer dann zurück, wenn er abschweift, und üben Sie, sich auf die Gegenwart zu konzentrieren:

**Meditation** - Sie werden feststellen, dass diese Methode oft empfohlen wird, wenn Sie versuchen, Ängste zu überwinden. Aber das ist bei weitem eine der besten Methoden, um dem Geist das Training zu geben, das er benötigt, um sich auf die Gegenwart zu konzentrieren. Meditation besteht nicht immer darin, still zu sitzen und zu versuchen, an nichts zu denken, um zu entspannen. Im Gegenteil, Meditation ist mit einer Vielzahl von psychologischen und neurologischen Vorteilen verbunden. Wenn wir achtsam sind und unsere Gedanken bewusst verlangsamen, bringen wir die Teile des Gehirns zum Schweigen, die für all den unnötigen Lärm und das nutzlose Geplapper verantwortlich sind. Es mag anfangs schwer sein, still zu sitzen und die ziellosen Gedanken nicht im Mittelpunkt stehen zu lassen, aber mit Übung wird es einfacher. Alles, was Sie tun müssen, ist etwas zu finden, worauf Sie sich konzentrieren können, und in der Meditation kann dieser Fokus Ihr Atem oder ein wiederholtes Mantra sein. Jedes Mal, wenn Ihr Geist abschweift (und das wird er tun), stressen Sie sich deswegen nicht. Bleiben Sie ruhig und konzentrieren Sie sich einfach wieder auf Ihren Atem oder Ihr Mantra. Das ist der Sinn der Übung.

**Sprechen** - Jedes Mal, wenn Sie das Bedürfnis verspüren, mit jemandem zu sprechen und sich auszusprechen, sollten Sie dies tun. In den eigenen negativen Gedanken gefangen zu sein, ist nicht immer einfach, alleine zu überwinden. Ein Teil der Entwicklung einer Wachstumsmentalität besteht darin zu lernen, wann man Hilfe benötigt. Über Ihre Probleme zu sprechen kann therapeutisch sein. Es ermöglicht Ihnen, Dampf abzulassen und die Emotionen, die Sie in sich eingeschlossen haben, zu kanalisieren. Haben Sie schon einmal festgestellt, wie viel besser es sich anfühlt, sich auszusprechen? Ganz zu schweigen davon, dass das Sprechen mit jemand anderem die Dinge in eine andere Perspektive rücken und eine neue Sicht auf eine Situation werfen kann. Allein das Sprechen darüber kann Ihre verwirrten Gedanken klären und Ihnen helfen, sie besser zu verstehen. Dies ist nicht nur ein Werkzeug, um Ihnen zu helfen, die Mentalität zu überwinden, die Sie die ganze Zeit zurückgehalten hat, sondern auch, um einen neuen Umgang mit Ihren Gedanken zu entwickeln. Möglicherweise können diese Gedanken, anstatt sie als Feinde zu betrachten, als etwas gesehen werden, das notwendig ist, um Sie zur Veränderung zum Besseren zu ermutigen.

**Widerstände abbauen** - Wenn Sie sich die ganze Zeit vor Veränderung aus Angst gewehrt haben, ist es an der Zeit, diese Widerstände abzubauen, um voranzukommen. Widerstand wird Sie daran hindern, im Moment zu leben. Sie können sich nicht auf die Gegenwart konzentrieren, wenn Sie sich weigern, sie zu akzeptieren. Selbst wenn es sich um eine Situation handelt, die Ihnen nicht gefällt oder die Sie nicht leben möchten, sollten Sie keinen Widerstand leisten. Das erschwert nur das Bewusstsein und die Präsenz. Die aktuelle Situation gefällt Ihnen vielleicht nicht, aber sich auf den Moment zu konzentrieren, ist die einzige Möglichkeit, die Realität zu verändern.

**Kein Multitasking:** Es ist ineffektiv. Sie denken vielleicht, dass Sie produktiv sind, aber das sind Sie nicht. Warum? Weil Multitasking bedeutet, dass Aufmerksamkeit und Konzentration in mehrere Richtungen gleichzeitig gelenkt werden. Konzentration bedeutet, sich nur auf eine Sache gleichzeitig zu konzentrieren. Der hektische Lebensstil von heute hat zu dem Irrglauben geführt, dass Multitasking die Produktivität steigert. Das ist falsch. Unser Geist wurde geschaffen, um sich auf nur eine Sache, einen Reiz zur gleichen Zeit zu konzentrieren.

Disziplin - Ausreden sind für diejenigen, die Disziplin vermissen, und wenn Sie wirklich Angst überwinden möchten, ist es an der Zeit, die Ausreden an der Tür zu lassen. Sich an Ausreden festzuhalten, führt nur dazu, dass Sie sich weiterhin Sorgen machen, sich aufregen und in negativen Verhaltensmustern verharren, die Ihnen in keiner Weise helfen. Wenn Sie dies zulassen, werden Ausreden der Grund sein, warum Sie Schwierigkeiten haben, eine Wachstumsmentalität zu entwickeln. Disziplin bedeutet, sich auf das zu konzentrieren, was getan werden muss, und alles beiseite zu legen, was droht, Sie abzulenken.

**Sich von den Ergebnissen des Ziels lösen** - Ziele können verwirrend sein. Da Ziele zukünftige Ereignisse sind und etwas, das noch nicht geschehen ist, wie können

Sie sich auf die Gegenwart konzentrieren, wenn Sie über Ihr Ziel nachdenken müssen? Denken Sie an Ihr Ziel als Richtung. Ein Kompass, der die Richtung anzeigt, in die Sie gehen müssen. Sie wissen, welches Ergebnis Sie erreichen möchten. Was Sie jetzt tun müssen, ist, sich auf das zu konzentrieren, was Sie in der Gegenwart tun können, um dieses endgültige Ergebnis zu erreichen. Nehmen wir an, Ihr Ziel ist es, ein Haus zu kaufen. Wenn Sie sich auf das Ergebnis (das Haus) konzentrieren, geraten Sie in die Falle, nur über dieses Ergebnis nachzudenken, ohne etwas zu unternehmen. Haben Sie ein Ziel, aber distanzieren Sie sich vom Ergebnis. Lassen Sie das Haus das endgültige Ergebnis sein, nicht mehr. Konzentrieren Sie sich auf Ihre aktuelle Situation und die Schritte, die unternommen werden müssen, um Ihre Vision eines Tages zur Realität werden zu lassen.

## Affirmationen und Visualisierung

Affirmationen und Visualisierung sind Übungen zur Veränderung Ihrer Denkweise. Wenn Sie mit Ihrer aktuellen Denkweise unzufrieden sind, ist klar, dass etwas geändert werden muss. Neben der Arbeit an der Entwicklung einer Wachstumsmentalität sind andere Ansätze, die Ihnen in diesem Prozess nützlich sein werden, Affirmationen und Visualisierung.

## Wie Affirmationen funktionieren

Affirmationen sind im Wesentlichen eine Reihe positiver und stärkender Aussagen. Sie wiederholen diese Affirmationen oft genug, bis sie Ihr Unterbewusstsein beeinflussen. Die Idee besteht darin, diese Aussagen so lange zu wiederholen, bis Sie diesen neuen Satz von Überzeugungen übernehmen. Wenn Sie glücklicher sein möchten, könnte Ihre Affirmation wie folgt lauten: "Ich bin positiv und glücklich jeden Tag." Der französische Psychologe Émile Coué hatte eine wunderbare positive Affirmation, die ideal für jeden ist, der sein Leben im Allgemeinen verbessern möchte. Seine Affirmation lautete: "Jeden Tag, in jeder Hinsicht, werde ich immer besser." Schön, einfach und effektiv. Genau die Art von Affirmation, die Sie benötigen, um Ihre Denkweise zu ändern.

Damit Affirmationen wirksam sind, müssen Sie an sie glauben. Wirklich daran glauben und nicht einfach daherreden, weil es etwas ist, das Sie tun müssen. Wenn Sie eine Affirmation wiederholen, an die Sie nicht glauben, werden Sie Ihre Meinung nicht überzeugen können. Ihr bewusster Geist ist mächtig und kann leicht jede Affirmation, die Sie ihm geben, neutralisieren, wenn Sie nicht daran glauben. Wenn Sie sich selbst sagen: "Ich bin reich", aber die innere Stimme in Ihrem Kopf sagt: "Nein, das bist du nicht", wird dies keine positive Veränderung in Ihrem Leben oder Ihrer Denkweise bewirken. Sie könnten dieselbe Affirmation tausendmal am Tag wiederholen, aber es wird Ihnen nichts nützen.

Das Unterbewusstsein ist eine Mischung aus Wiederholung und Emotion, aber die Tatsache ist, dass Sie es mit Affirmationen füttern müssen, die es akzeptieren kann. So erreichen Sie eine Veränderung.

Affirmationen und Visualisierung
Während Affirmationen auf Aussagen beruhen, die in den
Gedanken wiederholt oder laut ausgesprochen werden,
funktioniert die Visualisierung etwas anders. Dieses Mal
werden Sie Bilder in Ihrem Geist erstellen, anstatt sich auf
Aussagen zu konzentrieren. Dies kann auf zwei Arten
erfolgen. Die erste besteht darin, klare Bilder von dem zu
erstellen, was Sie wollen, wie das perfekte Leben oder
Exzellenz in Ihrer Karriere. Stellen Sie sich all diese Dinge
mit dem Auge des Geistes vor, als wären sie bereits
Realität. Die zweite Methode besteht darin, Vision Boards
zu erstellen, falls Sie etwas physisches vor sich sehen
möchten. Beide Methoden sind wirksam. Es hängt nur
davon ab, welche für Sie besser funktioniert. Einige
Menschen finden Vision Boards effektiver, da sie die Bilder
direkt vor sich sehen können. Dies macht sie in ihrem Geist
realer.

Die Visualisierung ist eine Übung, die dazu dient, den Geist
auf positive Ergebnisse zu konzentrieren, die Sie erreichen
möchten. Wenn Sie diese glücklichen Bilder in Ihrem Geist
sehen, bleiben Sie fokussiert und motiviert, Dinge zu tun,
damit sie nicht nur in Ihrem Geist Visionen bleiben. Die
Idee hinter der Visualisierung ist, dass Ihr Geist mächtig
genug ist, um jedes Bild heraufzubeschwören, das Sie
wünschen. Alles ist möglich, wenn Sie es denken und klar
vorstellen können. Jedes Detail, bis ins kleinste Detail, ist
wichtig, weil es das Geheimnis ist, um die Visualisierung
zum Laufen zu bringen. Jeder von uns hat die Fähigkeit zur
Visualisierung. Es ist keine Fähigkeit, die nur wenigen
vorbehalten ist. Als Kinder haben wir immer so getan, als
ob wir spielen würden. Das war ein wichtiger Teil Ihrer
Kindheit. Mit Reife und Erwachsenenalter haben wir
diesen Aspekt vergessen und uns nur auf das konzentriert,

was wir vor uns sehen. Wenn wir es physisch sehen können, dann ist es real und das ist es.

Die gute Nachricht ist, dass diese kreativen Fähigkeiten im Laufe der Zeit zwar eingeschlafen sind, aber wir haben nie die angeborene Fähigkeit verloren. Sie ist immer noch in uns. Wir müssen sie nur wieder aktivieren und aus ihrem Schlaf erwecken. Wenn Sie visualisieren, sagen Sie dem Universum, was Sie wollen. Sie setzen positive Energie in Bewegung und nutzen Ihren Geist, um die vielen Wege zu manifestieren, auf denen Sie diese Vision verwirklichen können. Wo ein Wille ist, ist auch ein Weg, und es gibt immer einen Weg, um etwas zu erreichen, wenn Sie es nur genug wollen. Die Gefahr der Visualisierung besteht darin, dass sie, wenn Sie nicht aufpassen, ein negatives Eigenleben entwickeln kann. Anstatt positive Ergebnisse zu visualisieren, können Gedanken bei Übernahme der Emotionen in eine negative Richtung gelenkt werden. Es ist leicht, sich von Negativität beeinflussen zu lassen! Unser Geist ist auf Negativität ausgerichtet und es erfordert erhebliche Anstrengung, um positive Gedanken aufrechtzuerhalten. Es ist sicherlich nicht einfach, aber es ist möglich.

## Erfolgreiche Visualisierung und Affirmationen

Sie müssen Affirmationen oder Visualisierungen nicht 50-mal am Tag wiederholen, damit sie funktionieren. Es reicht aus, einige Affirmationen auszuwählen, an die Sie am meisten glauben, und sie einige Minuten am Tag zu wiederholen. Auch die Tageszeit, zu der Sie dies tun, spielt keine Rolle. Sie können es morgens, abends vor dem

Schlafengehen oder zu jeder Tageszeit tun, wenn Sie ein paar Minuten Zeit haben. Hauptsache, es handelt sich um Affirmationen, an die Sie glauben können.

<u>Weitere Tipps, um sicherzustellen, dass Visualisierung und Affirmationen für Sie funktionieren, sind:</u>

- Gießen Sie Emotionen in die Affirmationen. Setzen Sie Ihr Herz und Ihre Seele in jede Aussage. Sagen Sie es mit Gefühl und Überzeugung. Sprechen Sie es mit Liebe und Leidenschaft aus.
- Sprechen Sie Ihre Affirmationen mit Zuversicht aus. Vertreiben Sie jeden Zweifel, der versucht, sich einzuschleichen, und drücken Sie Ihre Affirmationen mit noch mehr Entschlossenheit aus.
- Verwenden Sie die Gegenwart in Ihren Affirmationen. Nicht die Vergangenheit oder die Zukunft, sondern die Gegenwart. Das ist eine weitere Möglichkeit, sich auf den Moment zu konzentrieren. Die Verg

angenheit impliziert, dass Sie nichts tun können, weil sie bereits vorbei ist. Die Zukunft bedeutet, dass Sie auf das Ergebnis fixiert sind, von dem Sie sich, wie wir gelernt haben, distanzieren sollten. Setzen Sie ein Ziel ohne auf das Ergebnis fixiert zu sein. Verwenden Sie die Gegenwart, um Ihre Affirmationen zu beschreiben.
- Begehren Sie die Bilder, die Sie visualisieren. Sie wollen, dass sie sich so sehr verwirklichen, dass Sie jede verbleibende Energie in das Bild stecken, das Sie in Ihrem Geist hervorrufen.
- Beschränken Sie Ihre Visualisierung nicht, indem Sie denken, dass sie unmöglich ist. Es erscheint nur unwahrscheinlich, weil Sie derzeit nicht die notwendigen Werkzeuge haben, um es Wirklichkeit werden zu lassen.

Irgendwann werden Sie dorthin gelangen, aber vorerst müssen Sie das gewünschte Ergebnis visualisieren, um darüber nachzudenken, was getan werden muss.

Wenn Affirmationen und Visualisierungen richtig gemacht werden, können sie viel dazu beitragen, Ängste, Sorgen, Zweifel und Ängste zu beseitigen, die in Ihrem Geist wohnen. An ihrer Stelle verleihen sie Ihnen die Kraft und das Vertrauen, die Sie benötigen, um Ihre Denkweise zu ändern. Wenn sie richtig ausgeführt werden, können sie genau das sein, was Sie benötigen, um die Motivation und die Energie zu finden, um Ängste endgültig zu überwinden.

**Die eigene Denkweise ändern**
Ihr Geist bestimmt Ihren Erfolg. Was Sie denken, werden Sie werden. Wenn Sie glauben, dass Sie im Leben nirgendwohin kommen, wird genau das passieren. Glauben Sie, dass Sie zum Erfolg bestimmt sind, wird der Erfolg seinen Weg finden. Oft unterschätzen wir, wie mächtig der innere Selbstgespräch des Geistes sein kann. Aber denken Sie kurz darüber nach. Wenn Sie sich klar alle möglichen katastrophalen Ergebnisse vorstellen können und in den seltenen Fällen, in denen sie eintreten, denken: "Da haben Sie es, ich wusste, das würde passieren!" – Dann können Sie auch das Gegenteil tun. Die Wachstumsmentalität ist die treibende Kraft, über die selten gesprochen wird. Sie kann Sie zum Erfolg oder Misserfolg führen. Der Unterschied liegt darin, welche Denkweise Sie sich erlauben.

# Kapitel 9 - Die Macht der Wahrnehmung

Obwohl der Stoizismus für seinen Umgang mit Emotionen oder dem Fehlen davon bekannt ist, liegt die wahre Stärke des Stoizismus in seinem logischen und pragmatischen Ansatz zur Realität.

Die Stoiker glaubten daran, die Welt so anzunehmen, wie sie wirklich ist. Das mag nach einer simplen Aussage klingen, aber sobald Sie die Bedeutung dieser Aussage verstanden haben, werden Sie die tiefgreifenden Auswirkungen erkennen.

Wenn Sie eine Lösung finden wollen, müssen Sie zuerst das Problem mit klarem und objektivem Blick bewerten. Andernfalls riskieren Sie lediglich, zu scheitern.

## Die Kluft zwischen der Welt und unserer Wahrnehmung

Die Stoiker glaubten, dass drei Disziplinen notwendig seien, um ein stoisches Leben zu führen. Die erste war die Wahrnehmung, die zweite die Handlung und die dritte der Wille. Diese Reihenfolge ist nicht zufällig: Es gibt einen Grund, warum die Wahrnehmung als die wichtigste Disziplin des Stoizismus betrachtet wird.

Die Wahrnehmung besteht darin, die Welt so zu sehen, wie sie tatsächlich ist. Es geht darum, die Realität so objektiv wie möglich zu betrachten und Werturteile zu vermeiden.

Fragen Sie die meisten Menschen, wie genau sie die Welt wahrnehmen, und sie werden sagen, dass sie die Dinge völlig klar sehen. Schließlich, wenn sie zwei gesunde Augen haben, wie könnten sie die Dinge nicht sehen? Aber die Wahrnehmung betrifft nicht nur das physische Sehen, sondern wie der Geist die Informationen verarbeitet, die er erhält, wenn er auf die Welt schaut.

Der Geist verarbeitet visuelle Informationen in zwei Phasen. Die erste Phase ist, wenn das Licht, das von einem Objekt reflektiert wird, ins Auge fällt und die Realität, die vor uns liegt, visuell wahrgenommen wird. Die zweite Phase ist, wenn das Gehirn das Bild aufnimmt und ihm ein Etikett verpasst. In dieser zweiten Phase liegt das Problem.

Das Problem besteht nicht darin, eine Ente anzusehen und sie als Ente zu bezeichnen. Das Problem ist, dass wir die Aufgaben vor uns anschauen und schnell Schlussfolgerungen darüber treffen, ob sie möglich sind oder nicht. Wir schauen uns Menschen nur so lange an, wie es notwendig ist, um ihr Aussehen zu erfassen, und entscheiden dann, ob wir ihnen vertrauen können. Wir schauen auf uns selbst und beurteilen, was wir können, ohne eine solide Argumentation für unsere Schlussfolgerungen.

Menschen neigen dazu, zu urteilen, und unsere Urteile entsprechen oft nicht der Realität. Das haben die Stoiker erkannt, und deshalb legten sie so viel Wert auf die Korrektur unserer Wahrnehmung, um die Welt so zu sehen, wie sie wirklich ist, bevor sie versuchten, darin zu handeln.

# Der erste Arbeitstag

Um die zerstörerische Natur einer ungenauen Wahrnehmung zu verstehen, werde ich Ihnen ein Szenario vorstellen. Stellen Sie sich vor, Sie treten an Ihrem ersten Arbeitstag an und treffen Ihre Kollegen. In diesem Szenario sind Sie eine eher kritische Person, die dazu neigt, rasch Schlüsse über alle zu ziehen, die Sie treffen.

Sie betreten das Büro, und die erste Person, die Sie treffen, ist Ihr neuer Chef. Er gibt Ihnen die Hand, aber sein Händedruck ist ein wenig schwach. Sie stempeln ihn sofort als schwach ab, bevor Sie zur nächsten Person übergehen. Der erste Kollege, den Sie treffen, hat ein Lächeln im Gesicht, aber einen Fleck auf dem Hemd. Bevor Sie diese Person verlassen, fällt Ihnen das Wort "Schlamper" ein. Die letzte Person, die Sie treffen, begrüßt Sie höflich, hat aber eine monoton klingende Stimme, also können Sie nicht umhin, sie für langweilig zu halten.

Denken Sie nun daran, wie diese augenblicklich generierten Etiketten Ihre zukünftigen Arbeitsbeziehungen mit diesen Menschen beeinflussen könnten. Die Schlüsse, die Sie in diesem Szenario auf der Grundlage von kaum vorhandenen Informationen gezogen haben, könnten Ihre Interaktionen mit Kollegen in den kommenden Jahren beeinflussen.

Wir hoffen, dass Sie jetzt beginnen zu verstehen, wie leicht unsere Wahrnehmung von einem übermäßigen Drang zum Beurteilen der Welt um uns herum getrübt werden kann. Ein ungeübter Geist zieht fast augenblicklich Schlüsse, aber die Urteile, die er fällt, können Tage, Wochen oder sogar Jahre lang bestehen bleiben.

Langsam im Beurteilen und langsam im Vertrauen

Während einige Menschen bereits mit einem objektiveren Ansatz zur Realität einverstanden sein könnten, weiß ich, dass es auch andere geben wird, die zögern. Sie haben vielleicht den Abschnitt "Der erste Arbeitstag" gelesen und gedacht, dass die Figur in der Situation richtig handelte, indem sie solche Urteile fällte. Oft verteidigen Menschen solche Urteile aus praktischen Gründen. Es gibt viele Menschen da draußen, einige von ihnen mit schlechten Absichten, und wenn erwartet wird, dass diese Individuen ihre schlechten Absichten offenbaren, bevor Vorsichtsmaßnahmen getroffen werden, dann könnte man ihrem Willen ausgeliefert sein.

Das ist eine faire Beobachtung, aber sie erfasst nicht den Sinn des Zurückhaltens von Urteilen. Viele Menschen denken, dass, wenn man jemanden nicht als unehrlich bezeichnet, man damit erklärt, dass er ehrlich ist. Aber so ist es nicht. Man kann sowohl positive als auch negative Urteile zurückhalten. Wenn man jemanden nicht gut kennt, kann man sowohl das Vertrauen als auch das Misstrauen zurückhalten, bis man eine genauere Vorstellung davon hat, wer diese Person wirklich ist.

Denken Sie daran, der Stoizismus dreht sich darum, die Welt auf eine rationale und logische Weise anzugehen. Wenn Sie wissen, dass Sie in ein Gebiet gehen, in dem Kriminalität häufig ist, sollten Sie nicht so tun, als wären Ihnen diese Informationen nicht bekannt. Wenn die Vernunft Ihnen sagt, dass Sicherheitsmaßnahmen notwendig sind, dann ist es angebracht, sie zu ergreifen.

Dennoch sollten Sie sich fragen, woher Sie Ihre Informationen beziehen. Beurteilen Sie das Risikoniveau aufgrund objektiver Informationen oder aufgrund vorschneller Urteile, die auf persönlichen Vorurteilen beruhen? Menschen neigen dazu, ihre Objektivität zu überschätzen.

Die Tatsache ist, dass es Zeit und Energie erfordert, die Fähigkeit zu entwickeln, die Welt so zu sehen, wie sie wirklich ist. Für die meisten Menschen ist es nicht wie ein Schalter, den man ein- oder ausschalten kann, und selbst wenn Sie für eine Weile Urteile zurückhalten können, könnten Sie bald in alte Gewohnheiten zurückfallen. Aber es gibt keinen Grund zur Verzweiflung. Der Stoizismus bietet keine schnellen und einfachen Lösungen, sondern er erfordert Zeit für eine echte und dauerhafte Veränderung.

## Eine Veränderung der Wahrnehmung

Wenn Sie sich Zeit nehmen, um darauf zu achten, wie Sie die Welt wahrnehmen und sie mit Ihren Gedanken gestalten, werden Sie erkennen, wie viel Macht Sie haben. Die einzige unangenehme Sache ist, dass Sie dies vielleicht erst dann erkennen, wenn Sie feststellen, dass Sie sich mit ungerechtfertigten negativen Gedanken von Ihrem vollen Potenzial abhalten.

Die gute Nachricht ist, es ist nie zu spät für eine Veränderung. Solange Sie atmen, können Sie die Kontrolle über Ihre Gedanken übernehmen und sie nutzen, um Ihre Welt neu zu gestalten.

## Die Welt umdrehen

In der Welt der Kunst gibt es einen Trick für diejenigen, die ein komplexes Bild zeichnen wollen, aber sich überfordert fühlen, wenn sie es betrachten. Der Trick besteht darin, das Bild umzudrehen. Plötzlich hat die Person nicht mehr das Gefühl, einen ganzen Kopf zu zeichnen, sondern sieht ein Feld von einzelnen Formen. Wenn man Worte wie "schwierig" oder "unmöglich" aus dem Bild entfernt und sich auf die einzelnen Schritte konzentriert, kann man sich darüber wundern, was man erreichen kann.

Das Gleiche gilt für die Betrachtung des eigenen Lebens. Der Durchschnittsbürger sieht auf die Ereignisse, die auf ihn zukommen, und konzentriert sich auf alles, was eine Herausforderung oder ein Hindernis zu sein scheint. Sobald diese als Probleme bezeichnet sind, neigen sie dazu, in unserem Geist zu wachsen, werden überproportional bedrohlich und verursachen unberechtigten Stress.

Aber was wäre, wenn man das Bild umdrehen könnte? Wenn man das, was normalerweise als Hindernisse bezeichnet wird, stattdessen als Chancen bezeichnen würde?

## Eine Käfig in ein Werkzeug verwandeln

Die traurige Tatsache ist, dass die meisten Menschen von ihrer eigenen Wahrnehmung gefangen sind. Jahre voller Vorurteile und mentaler Programmierung haben es schwer gemacht, die Welt so zu sehen, wie sie wirklich ist. Noch schlimmer ist, wenn sie auf die Welt schauen, sehen sie so viele unüberwindliche Hindernisse, dass sie sich unwiderruflich blockiert fühlen.

Sie sind wie eine Person, die eine Virtual-Reality-Brille trägt und sich in einem offenen Feld gefangen fühlt. Auch wenn keine physischen Wände sie umgeben, fühlen sie sich immer noch begrenzt aufgrund der Mauern, die sie in ihrem Kopf sehen.

Die Fähigkeit zu entwickeln, die Welt objektiv zu sehen, ist wie das Abnehmen der VR-Brille. Sie zeigt Ihnen die gesamte Palette der Bewegungen, die Ihnen zur Verfügung stehen. Aber Sie sollten nicht dort stehenbleiben. Die Kontrolle über Ihre Wahrnehmung zu übernehmen, ist wie das Neuprogrammieren der VR-Brille, um Ihnen bei der Orientierung zu helfen. Das ist die volle Macht der Beherrschung der Wahrnehmung: Sie können die Art und Weise, wie Sie die Welt sehen, umgestalten, um voranzukommen, anstatt sich zu bremsen.
Sorgen loswerden

Die Beherrschung der Wahrnehmung ist ein besonders nützliches Werkzeug für diejenigen, die mit Sorgen kämpfen. Schließlich, was ist die Ursache von Sorgen? Die meisten Menschen empfinden dieses Gefühl, nachdem sie potenzielle Probleme in ihrem Leben identifiziert haben und diese potenziellen Probleme in ihrem Kopf verfolgen lassen. Solange das Problem nicht angegangen wird, bleibt es eine Sorge, die im Bewusstsein schwebt und Unruhe stiftet.

Das Problem bei Sorgen ist, dass es keine Begrenzung dafür gibt, wie viele man haben kann. Sie könnten denken, dass Sie sie heilen könnten, indem Sie Ihre Probleme lösen, aber sobald das menschliche Gehirn darauf trainiert ist, potenzielle Probleme zu suchen, wird es immer weitere finden. Deshalb ist es hilfreich, Ihr Gehirn neu zu schulen. Wenn das einmal gemacht ist, gibt es kaum noch Grenzen für die Ergebnisse, die Sie erzielen können.

## Die Akzeptanz von der Zustimmung trennen

Bevor wir zur Wahrnehmung übergehen, müssen wir über ein verwandtes Thema sprechen: die Akzeptanz. Der Stoizismus basiert auf der Akzeptanz der Welt, wie sie ist. Dieser Aspekt ist mit der Wahrnehmung verbunden. Die Idee ist, dass, um die Welt so wahrzunehmen, wie sie wirklich ist, man bereit sein muss, sie so zu akzeptieren, wie sie wirklich ist. Diejenigen, die glauben, dass die Welt auf eine bestimmte Weise sein sollte, werden einen Weg finden, ihre Wahrnehmung zu verzerren, um ihre Überzeugungen mit der äußeren Welt in Einklang zu bringen. Dies ist etwas, das der Stoizismus nicht akzeptieren kann.

Der Stoizismus behauptet, dass jede Philosophie, die nicht auf einem Fundament der tatsächlichen Realität beruht, wie ein Haus auf Sand gebaut ist. So robust es auch erscheinen mag, der Mangel an soliden Grundlagen wird es letztendlich zum Scheitern verurteilen.

Deshalb müssen echte Stoiker die Welt so akzeptieren, wie sie ist. Alles andere würde ihre Wahrnehmung gefährden und alles, was darauf folgt. Es ist jedoch erwähnenswert, dass Akzeptanz nicht dasselbe ist wie Zustimmung.

## Der Fall der stoischen Handlung

Es ist leicht, in die Falle zu tappen und zu denken, dass der Stoizismus eine resignierte Philosophie ist. Die Vorstellung von einem Stoiker, der sein Schicksal akzeptiert, kann das Bild eines Machtverlusts hervorrufen, der es anderen erlaubt, die Kontrolle zu übernehmen, während er in den Bergen meditiert, während die Welt brennt. Aber das könnte nicht weiter von der Wahrheit entfernt sein.

Einer der Gründe, warum es wichtig ist, Marcus Aurelius zu studieren, ist, dass er nicht nur ein großer Denker war, sondern auch ein Mann der Tat. Er verkörperte die stoische Praxis der Akzeptanz, während er als Kaiser des mächtigsten antiken Reiches handelte. Er beschränkte sich nicht nur auf die Akzeptanz, als die Gallier Rom angriffen, sondern führte seine Truppen und kämpfte.

Das führt uns zu einer Frage: War Marcus ein Heuchler, als er die Zukunft für sich und sein Volk gestaltete? Sind Stoiker Heuchler, wenn sie gegen einige Elemente der menschlichen Natur protestieren und andere fördern? Die Antwort ist ein klares "Nein!"

## Das Verstehen des Sinns des Mantras

Die Stoiker betonen ständig die Dinge, die Individuen nicht ändern können, um diejenigen zu betonen, die sie können. Das "Schicksal", das akzeptiert werden soll, bezieht sich nicht auf die gesamte Realität, sondern auf das, was über unseren Einflussbereich hinausgeht.

Der Kern dieses Einflussbereichs ist unser Verhalten, das einzige in unserem Leben, über das wir nahezu vollständige Kontrolle haben. Darüber hinaus gibt es die Menschen und Dinge um uns herum, mit denen wir interagieren können. Dies ist ein Bereich, in dem wir Einfluss haben, aber nicht die endgültige Kontrolle, wie bei unseren Gedanken und Handlungen. Über diesem zweiten Layer befindet sich der Rest des Universums, der vollständig in den Händen des Schicksals liegt.

Nehmen Sie sich einen Moment Zeit, um darüber nachzudenken. Es gibt über 8 Milliarden Menschen auf diesem Planeten. Wie viele von ihnen kennen Sie oder interagieren regelmäßig mit ihnen? Selbst wenn Sie regelmäßig mit Tausenden von Menschen interagieren, handelt es sich immer noch um weniger als 1% von 1% der Weltbevölkerung. Im großen Schema der Dinge liegt der Großteil menschlicher Aktivitäten außerhalb unserer Kontroll- oder Einflusssphäre. Aber bedeutet das, dass es nicht lohnt, es zu versuchen?

Stoizismus dreht sich nicht nur um Selbsthilfe. Es ist eine tugendorientierte Philosophie, und Tugend wurde immer als ein Gemeinschaftsprojekt betrachtet. Jemand, der allein auf einer einsamen Insel lebt, hat selten die Möglichkeit, die Art von Tugend zu zeigen, die eine Person in einer Gemeinschaft jeden Tag praktizieren kann.

Wenn der Stoizismus also fordert, die Welt so zu akzeptieren, wie sie in diesem Moment existiert, bedeutet das nicht, dass die Welt immer so bleiben muss. Im Gegenteil, die Stoiker verstehen, dass die einzige wahre Konstante der Wandel ist. Die Welt entwickelt sich ständig, und Sie als Individuum sind verpflichtet, tugendhaft zu handeln, zum Wohl Ihrer selbst, Ihrer Gemeinschaft und Ihrer Welt.

Die Stoiker haben im Laufe der Geschichte echte Veränderungen bewirkt, und es gibt keinen Grund, warum dieser Trend bei Ihnen enden sollte. Die Schönheit des Stoizismus besteht darin, dass Sie, sobald Sie die Kontrolle über Ihren Geist erlangt haben, beeindruckende Ebenen der Effektivität erreichen können, von denen Sie sich zuvor nicht einmal geträumt hätten. Unüberlegte Aufregung wird durch sorgfältig abgewogene Handlungen ersetzt. Emotion wird durch logische Hingabe an Ihre Sache ersetzt.

Schließlich können die Hindernisse, die Sie zuvor zurückgehalten haben, umgewandelt werden. Ereignisse, die als Probleme erschienen, verwandeln sich in Chancen und helfen Ihnen, einen Weg in die Zukunft zu ebnen, den Sie ohne stoisches Denken nie für möglich gehalten hätten.

Eine gründliche Überlegung kann Ihnen helfen, aufzuhören, sich Sorgen über Umstände zu machen, die außerhalb Ihrer Kontrolle liegen, und sich auf diejenigen zu konzentrieren, die in Ihrer Reichweite liegen. Sie können aufhören, Zeit, Energie und Ressourcen für unnötige Sorgen zu verschwenden und anfangen, ein effektiveres und erfüllteres menschliches Wesen zu werden. Diese Art von Transformation ist nicht einfach oder schnell, aber sie kann Ihr Leben enorm verbessern, wenn Sie bereit sind, sich darauf einzulassen.

Daher sehen Sie, die Stoiker mögen die gegenwärtige Realität akzeptieren müssen, aber das bedeutet nicht, dass sie damit einverstanden sein müssen. Sie sind frei, Veränderungen anzustreben, und die Fähigkeiten, die Sie durch die Praxis des Stoizismus entwickeln, machen es einfacher, konkrete Ergebnisse in dieser Welt zu erzielen.

## Praktische Tipps

Die Verwendung Ihrer Wahrnehmungsfähigkeiten, um Hindernisse in Chancen zu verwandeln, ist eine der mächtigsten Waffen im Arsenal eines Stoikers. Wenn Sie diese Fähigkeit meistern möchten, sollten Sie so früh wie möglich damit beginnen.

Nehmen Sie Stift und Papier zur Hand. Nehmen Sie sich Zeit, um ein Hindernis oder ein Problem aufzuschreiben, das Sie in letzter Zeit beschäftigt hat.

Nachdem Sie das Problem aufgeschrieben haben, nehmen Sie sich einen weiteren Moment, um die Situation, mit der Sie konfrontiert sind, objektiver zu betrachten. Beschreiben Sie sie in sachlichen und technischen Begriffen, vermeiden Sie Emotionen oder starke Sprache. Überlegen Sie dann, wie die objektive Situation, der Sie gegenüberstehen, eine verborgene Gelegenheit bieten kann.

Wenn Sie diese Schritte befolgt haben, haben Sie eine Quelle der Besorgnis in Ihrem Leben genommen und sie in eine Gelegenheit zur menschlichen Entwicklung verwandelt. Dies ist ein Prozess, den Sie im Laufe Ihres Tages mehrmals verwenden können. Niemand weiß, wie viele Möglichkeiten sich eröffnen, wenn Sie lernen, Ihre Wahrnehmung zu beherrschen.

# Kapitel 10: Verantwortlich für das eigene seelische Wohlbefinden sein

Bisher haben wir gelernt, dass Angst und Depression regelmäßige und schmerzhafte Zustände sind. Die Gefühle können von einer normalen, mehrwöchigen Depression bis hin zu einem schweren Zustand variieren, der möglicherweise eine stationäre Behandlung erfordert. Die Kognitive Verhaltenstherapie (KVT) funktioniert sowohl mit als auch ohne antidepressive Medikamente und hat sich als wirksam bei der Reduzierung von Rückfallraten erwiesen.

Dieses Kapitel konzentriert sich hauptsächlich auf das Verhalten in der KVT und zeigt, dass das schrittweise Angehen von Dingen, die vermieden werden, die allmähliche Teilnahme an als belohnend empfundenen Aktivitäten und das positive Bewältigen von Schwierigkeiten einen tiefgreifenden Einfluss auf die Stimmung haben können. Darüber hinaus zeigen wir, wie das Wiederholen von Dingen in Ihrem Geist manchmal als Mittel zur Problemlösung erscheinen kann.

## Entscheidung über eine Depression

Das Erkennen der häufigen Anzeichen und Symptome von Depression hat viele Vorteile. Es kann Ihnen ein klareres Bild darüber geben, ob Sie an einer "Depression" leiden oder nur gelegentliche Stimmungsschwankungen haben oder ob Sie Symptome einer bekannten Erkrankung aufweisen. Erstellen Sie immer eine Checkliste, um die Anzeichen von Angst oder Depression, die Sie plagen, zu erkennen. Später können Sie sich dafür entscheiden, die Checkliste Ihrem Arzt zu zeigen und die möglichen Behandlungsoptionen zu besprechen. Außerdem können Sie sie als Bezugspunkt verwenden, auf den Sie immer wieder zurückkommen, wenn Sie daran arbeiten, Ihre Depression zu überwinden, und sehen, wie sich die Symptome verbessern.

## Bewertung des Vermeidungsverhaltens

In diesem Kapitel werden die Taktiken hervorgehoben und vertieft, die Menschen verwendet haben, um sich besser zu fühlen, und die in den meisten Fällen ihre emotionalen Probleme verschlimmert haben. Das Vermeiden sozialer Interaktionen und alltäglicher Aktivitäten ist Teil der Depression. Es ist sehr verlockend, sich den depressiven Gefühlen hinzugeben, sich vor anderen und den eigenen Verpflichtungen zu verstecken. Dieses Vermeidungsverhalten führt jedoch oft zu einem weniger erfüllten Leben, einem Verlust der Kontrolle über das eigene Leben, finanziellen Problemen, einer verringerten Problemlösungsfähigkeit und weniger Unterstützung von anderen. Überlegt, was ihr vielleicht vermeidet (einschließlich Pflichten und Vergnügen) und was ihr tut, um schmerzhafte Gefühle und Gedanken zu blockieren. Die Auswirkungen einiger Handlungen hängen von ihrem Zweck ab. Zum Beispiel kann das Genießen einer

Lieblingsfernsehsendung hilfreich sein und in eure Stimmungsaufhellung passen. Andererseits wird das endlose Ansehen von Fernsehen, um andere und die ganze Welt auszublenden, die Depression aufrechterhalten und sogar verschlimmern. Daher kann Fernsehen anstelle von Anrufen zu beantworten ein gutes Beispiel für Vermeidungs- und Blockierverhalten sein. In den meisten Fällen werden Blockierverhalten ausgelöst, weil die Stimmung zu niedrig ist und alles überwältigend und sinnlos erscheint. Leider führt das Hinauszögern von Dingen oft zu einer Verschlimmerung der Depression. Blockierverhalten umfasst auch den Konsum von Alkohol, Drogen oder Essen, um depressive Emotionen zu mildern. Diese Verhaltensweisen können kurzfristig funktionieren, führen aber oft zu einer Verschlechterung der Depression am nächsten Tag.

**Aktives Bekämpfen von Depression**

Das Erstellen eines Aktivitätenplans ist eine der wirksamsten psychologischen Techniken, die aktiv zur Bekämpfung von Depressionen eingesetzt werden können. Dieses Werkzeug/Technik wird oft von Patienten und Therapeuten gleichermaßen übersehen oder untergenutzt, da es zu einfach erscheinen kann, obwohl Untersuchungen zeigen, dass es effektiv ist. Ein Aktivitätenplan ist ein tägliches Tagebuchblatt mit sichtbar gezeichneten Tageszeiten in Zwei-Stunden-Blöcken. Das Wiederbeleben der Vitalität ist ein wichtiger Schritt zur Überwindung von Depressionen. Da Depressionen Lethargie und Demotivation fördern, wird der Aktivitätenplan Ihnen helfen, die täglichen Aufgaben zu erledigen, die Sie vielleicht umgangen haben. Untersuchungen zeigen, dass allein die einfache Handlung, einen Plan für die täglichen

Aktivitäten zu erstellen und bestimmten Aufgaben bestimmte Zeiten zuzuweisen, die Wahrscheinlichkeit, sie abzuschließen, signifikant erhöht. Sobald Sie beginnen, einen Aktivitätenplan zu verwenden, wird nach und nach die Begeisterung für die Dinge, die Ihnen früher Freude bereiteten, zurückkehren. Ein Aktivitätenplan kann für verschiedene Zwecke verwendet werden:

- Aufzeichnen der wöchentlichen Aktivität, um einen Bezugspunkt für spätere Wochen zu haben und Fortschritte zu vergleichen.
- Beginnen Sie, Dinge, die Sie vermieden haben, immer häufiger anzugehen und sie interessanter zu gestalten.
- Reduzieren Sie blockierende Verhaltensweisen und ersetzen Sie sie durch produktivere oder befriedigendere Aktivitäten.
- Organisieren Sie Ihre tägliche Routine, um Ihrem Schlaf und Appetit die bestmöglichen Chancen zur Normalisierung zu geben. Normalisierung bedeutet in diesem Fall, etwa acht Stunden Schlaf zu bekommen und mindestens drei regelmäßige Mahlzeiten pro Tag zu sich zu nehmen.
- Planen Sie Ihre Woche oder Ihren Tag, um bei Haushaltsaufgaben, sozialen Aktivitäten und der Pflege Ihrer Hobbys und Interessen zu helfen.
- Verfolgen Sie die schrittweise Steigerung der Aktivitäten und Ereignisse realistisch und konstant, anstatt sich mit allem zu überlasten, was Sie zu tun glauben.


## Steigerung des Selbstwertgefühls

Sich selbst als "Erfolg" oder "Versagen", "gut" oder "schlecht", "wertvoll" oder "nutzlos" basierend auf den

Umständen oder erzielten Ergebnissen zu bewerten, ist sehr verbreitet. Doch nur weil es eine gängige Praxis ist, bedeutet das nicht, dass es eine gute Praxis ist. Die Verknüpfung des eigenen Selbstwertgefühls mit äußeren Faktoren ist die Hauptursache für Probleme mit dem Selbstwertgefühl. Das Selbstbild kann zusammenbrechen, wenn der gegenwärtige Zustand der Dinge nicht gut ist. Das Leben ist weder vorhersehbar noch stabil, daher kann das Selbstwertgefühl und die Stimmung abrupt schwanken, wenn der eigene Wert an Beziehungen, Arbeit, finanzieller Lage usw. festgemacht wird. Schon die Verwendung des Begriffs "Selbstwertgefühl" ist problematisch, da er nahelegt, dass einem Individuum eine Gesamtbewertung zugewiesen werden kann, selbst wenn die Person, die die Bewertung vornimmt, man selbst ist! Ein Ersatz für das Selbstwertgefühl ist das Konzept der Selbstakzeptanz. Die kognitive Verhaltenstherapie empfiehlt, aufhören sich selbst auf Grundlage von globalen Bewertungen zu klassifizieren. Akzeptieren Sie sich stattdessen als grundlegend wertvolle Person und bewerten Sie nur einzelne Eigenschaften/Aspekte an sich selbst, Ihr Verhalten, Ihren Lebensstil usw. Die Regeln und Leitlinien für die Selbstakzeptanz gelten auch für die Akzeptanz anderer. An der Einstellung der Selbstakzeptanz anderer zu arbeiten, kann helfen, Schmerz, Wut und ungesunde Eifersucht zu stoppen.

**Selbstakzeptanz erlangen**

Alle Menschen haben denselben Wert. Denken Sie einmal darüber nach, wie sehr Sie dieser Aussage zustimmen. Ist menschliches Leben nicht heilig? Ist das nicht der Grund, warum Mord ein Straftatbestand ist, unabhängig davon, wer getötet wird? Die meisten von uns haben gelernt, dass

Menschen einen intrinsischen Wert haben (was bedeutet, dass wir würdig und kostbar sind, einfach weil wir existieren). Aber oft verhalten wir uns, als ob einige Individuen wertvoller und kostbarer wären als andere. Wir legen oft übermäßigen Wert auf bestimmte Dinge wie sozialen Status und Reichtum. Es kann fälschlicherweise angenommen werden, dass Personen, die diese Merkmale oder Bedingungen besitzen, anderen überlegen sind. Insgesamt neigen Sie vielleicht immer noch dazu, Eigenschaften Ihrer Persönlichkeit wie Freundlichkeit, Großzügigkeit und soziale Verantwortung zu unterschätzen oder ihnen zu wenig Bedeutung beizumessen.

Vergleiche zwischen sich selbst und anderen auf der Grundlage äußerer Faktoren oder Bedingungen führen dazu, sich abwechselnd minderwertig oder überlegen zu fühlen. Beide Positionen sind nicht gesund, da sie zu Selbstabwertung und Konkurrenz mit anderen führen. Die Erlangung von Selbstakzeptanz bedeutet, erkennen zu können, dass wir alle den gleichen Wert haben, auch wenn wir in anderen Bereichen unterschiedlich sind. So kann jemand ein schlechter Fahrer und ein hervorragender Koch sein, während sein Freund genau das Gegenteil ist. Beide sind dennoch wertvolle Menschen, aber mit völlig unterschiedlichen Grenzen und Stärken. Ein wichtiger erster Schritt in Richtung Selbstakzeptanz ist, sich der Bedingungen bewusst zu werden, denen Sie typischerweise Ihr Selbstwertgefühl zuschreiben.

**Sich selbst akzeptieren und gleichzeitig an sich arbeiten**

Möglicherweise denken Sie, dass sich selbst zu akzeptieren bedeutet, auf Selbstverbesserung zu verzichten und sich bösen Handlungen hinzugeben oder gute Taten zu vernachlässigen. Das hoffen wir nicht, denn das ist nicht unsere Botschaft an Sie. In Anbetracht dessen, wenn Sie sich selbst als grundsätzlich wertvoll ansehen, trotz Ihrer schlechten Verhaltensweisen oder Mängel, sind Sie in einer besseren Position, um an ihnen zu arbeiten, als jemand, der sich selbst beurteilt und verurteilt. Wir empfehlen Ihnen, sich sofort etwas Raum zu geben, um weniger perfekt zu sein, und weiterhin entscheidende persönliche Veränderungen anzustreben. Dies kann eine erfolgreiche Technik für Selbstverbesserung sein. Der beste Weg ist, sehr spezifische Bereiche für Selbstverbesserung auszuwählen, wenn Sie Ihr Verhalten und Ihr Leben im Allgemeinen verbessern möchten. Zu sagen "Ich möchte eine bessere Person sein" kann wahr sein, liefert jedoch nicht genügend Informationen, um voranzukommen. Was zählt, ist das genaue Detail.

Wenn Sie angemessen für Ihr Verhalten und Ihre Emotionen verantwortlich sind, ist es viel wahrscheinlicher, dass Sie effektive Veränderungen bewirken können. Indem Sie andere oder Lebensereignisse/-bedingungen für Ihre gestörten Emotionen oder selbstzerstörerisches Verhalten verantwortlich machen, verzichten Sie auf Ihre Macht, die Dinge zu verbessern. Die Selbstakzeptanz erfordert viel Übung. Manchmal können Selbstvertrauen und Handeln nach neuen Einstellungen leicht sein, manchmal können sie schwieriger sein.

**Beziehungen pflegen**

Die Fähigkeit, gut mit anderen auszukommen, hängt von der Fähigkeit ab, sie zu akzeptieren und gesunde negative

Emotionen zu empfinden, anstelle von ungesunden wie Wut, Hass und Zorn. Ungesunde Wut ist eine häufige Ursache für Beziehungsprobleme. Ein weiterer häufiger Grund für zwischenmenschliche Schwierigkeiten ist ein geringes Selbstwertgefühl. In diesem Kapitel helfen wir Ihnen, zu verstehen, welche Art von Wut Sie am häufigsten empfinden, und wie Sie Ihre Wut auf gesunde Weise verbessern können. Darüber hinaus bieten wir Ihnen einige Übungen, um Ihr Selbstakzeptanz und das von anderen zu stärken, was die Chancen auf die Entwicklung befriedigender und funktionaler Beziehungen erhöht.

# Indignation überwinden

Jeder von uns wird von Zeit zu Zeit wütend, verliert die Fassung, gerät in Wutausbrüche oder wird rasend vor Zorn. Auch wenn einige Menschen dies häufiger erleben als andere. Die Fassung zu verlieren, kann Probleme in Freundschaften, Beziehungen, Familienbeziehungen und der Arbeit verursachen. Der erste entscheidende Schritt zur Überwindung von Depressionen besteht darin, herauszufinden, ob die Art von Emotionen, die Sie empfinden, gesund oder ungesund sind. Das Überwinden von Wut ist ein entscheidender Schritt zur Bewältigung von Depressionen, da Wut in den meisten Fällen zu Depressionen führt. Daher ist es wichtig, den Unterschied zwischen angemessenem Ärger und irrationaler Wut zu verstehen.

### 1. Gesunde Wut erkennen
Schauen wir uns die Merkmale gesunder Wut an. Wenn eine Person gesund wütend ist, neigt sie dazu, ausgewogen

zu denken und andere zu akzeptieren. Sie erkennt normalerweise, dass eine andere Person ihre Grenze überschritten hat oder eine ihrer Regeln verletzt hat, ohne zu entscheiden, dass sie dies wirklich hätten bemerken sollen. Die Person neigt immer noch dazu, selbstkontrolliert zu sein und sich wütend, aber nicht bedrohlich zu verhalten.

### 2. Merkmale ungesunder Wut

Ungesunde Wut zeichnet sich durch spezifische Verhaltensweisen, Denkweisen und einige körperliche Empfindungen aus. Ungesunde Wut bedeutet, dass Sie hart über andere denken und einschüchternd handeln. Das Gefühl ist normalerweise sehr unangenehm und belastend. Ungesunde Wut dauert normalerweise länger und verursacht mehr Unbehagen als die gesündere Variante.

### 3. Die Kosten der Wut abwägen

Unsachgemäße Wut hat erhebliche negative Auswirkungen auf Beziehungen und das Leben im Allgemeinen. Manchmal könnte man denken, dass die eigene Wut nützliche Vorteile hat, die eine gesunde Wut nicht bieten würde. Dies ist jedoch in der Regel ein Irrtum. Normalerweise ist man, wenn man nicht feindselig ist, klarer und effektiver im Ausdruck seiner Meinungen.

### 4. Den Zünder verlängern

An diesem Punkt könnten Sie das Gefühl haben, dass Sie ungesunde Wut empfinden und dass diese negative Auswirkungen auf Sie hatte. Was also tun? Die Bewältigung von Wut kann herausfordernd sein, aber wenn Sie sich entscheiden und bereit sind, sich ernsthaft darauf einzulassen, können Sie es schaffen. Wenn Sie strenge Regeln haben, die Sie immer von anderen einfordern, sind Sie wahrscheinlich dazu neigen, ungesunde Wut zu empfinden, wenn sie diese Regeln brechen. Anderen die Möglichkeit zu geben, ihre Meinung zu äußern, ist ein wichtiger Schritt hin zu gesunder Wut. Ebenso, wenn Sie eine Vorliebe dafür haben, wie andere sich verhalten sollten, aber nicht erwarten, dass alle anderen so handeln, wie Sie es möchten, hilft dies, ungesunden Zorn zu vermeiden.

**5. Effektive Selbstbehauptung annehmen**
Um richtig Selbstbehauptung zu erlernen, ist viel Übung erforderlich. Erlauben Sie sich daher, ein paar Mal Fehler zu machen, bevor Sie es richtig hinbekommen. Der beste Weg, um selbstbewusst zu sein, ist die Annahme, dass sowohl Sie als auch die andere Person fehlerhafte Menschen sind, die Fehler und Irrtümer machen können. Hören Sie anderen zu und überlegen Sie, wie Sie antworten möchten. Dieser Prozess ist besonders wichtig, wenn Sie in einem starken Konflikt sind oder kritische Rückmeldungen erhalten. Gesunde Selbstbehauptung geht darum, Ihre Sichtweise durchzusetzen und Ihre Rechte zu verteidigen, wenn andere Sie schlecht und unfair behandeln. Im Gegensatz zur Aggressivität geht es bei der Selbstbehauptung nicht darum, anderen zu zeigen, dass Sie recht haben und sie Unrecht haben. Selbstbehauptung zielt darauf ab, einen zivilisierten Austausch zur Lösung von Meinungsverschiedenheiten und zur Erzielung einer Einigung zu ermöglichen.

Wenn Sie eine Meinungsverschiedenheit klären, kann es notwendig sein, einen ausreichend privaten Ort für ein Gespräch zu finden, wenn beide Parteien Zeit haben. Denken Sie immer daran, dass die Bedingungen nicht perfekt sein müssen, um mit jemand anderem zu sprechen, obwohl dies hilfreich ist, um mögliche Ablenkungen zu minimieren. Wenn es sich um eine Arbeitsstreitigkeit handelt, müssen Sie möglicherweise einen Termin mit Ihrem Kollegen oder Vorgesetzten vereinbaren, um zu sprechen.

## Mit Gleichaltrigen mithalten

Ein geringes Selbstvertrauen kann zu sozialen Schwierigkeiten aller Art führen. Wie zuvor beschrieben, kann diese Sichtweise ungesunden Ärger auslösen. Sie kann auch dazu führen, dass Sie sich negativ und hart mit anderen vergleichen. Möglicherweise fühlen Sie sich sozial unsicher, weil Sie im Grunde glauben, dass andere Sie nicht mögen oder Sie so akzeptieren, wie Sie sind. Eine der besten Methoden, um soziale Interaktionen wirklich zu schätzen, Beziehungen aufrechtzuerhalten und Freundschaften zu schließen, besteht darin, sich selbst für gleichwertig mit anderen Menschen zu halten. Dieser Standpunkt mag leicht erscheinen, aber wie viele Prinzipien der Kognitiven Verhaltenstherapie kann die Praxis viel schwieriger sein. Das Gefühl von Gleichwertigkeit bedeutet, die Notwendigkeit aufzugeben, überlegen zu sein, um sich nicht minderwertig zu fühlen. Es bedeutet auch, Ihr wahres Selbst zu sein und andere auf der Grundlage dessen zu schätzen oder nicht zu schätzen, und umgekehrt. Sich als gleichwertig mit anderen zu sehen, bedeutet, Ihre Normalität zu akzeptieren, zu umarmen und sogar zu feiern.

# Schlussfolgerungen und Danksagungen

In diesem Buch haben wir gemeinsam eine Reise durch verschiedene Aspekte der Bewältigung von Depression und Angst unternommen. Wir haben untersucht, wie diese Gefühle entstehen, wie sie unser Leben beeinflussen können und vor allem, wie wir lernen können, besser damit umzugehen. Wir haben Werkzeuge und Techniken der Kognitiven Verhaltenstherapie behandelt, die Ihnen helfen können, Ihre Gedanken und Ihr Verhalten zu verändern, um Ihr seelisches Wohlbefinden zu steigern.

Es ist wichtig zu betonen, dass die Bewältigung von Depression und Angst ein kontinuierlicher Prozess ist. Es gibt keine einfachen Lösungen oder schnellen Heilungen. Stattdessen erfordert es Zeit, Geduld und Übung, um positive Veränderungen in Ihrem Leben zu bewirken. Die in diesem Buch vorgestellten Prinzipien und Techniken der KVT sind mächtige Werkzeuge, aber es liegt an Ihnen, sie in Ihrem Alltag umzusetzen und konsequent anzuwenden.

Während wir diese Reise beendet haben, ist es wichtig zu verstehen, dass Sie nicht allein sind. Depression und Angst sind weit verbreitete Probleme, die viele Menschen erleben. Es ist mutig und lobenswert, sich diesen Herausforderungen zu stellen und nach Wegen zur Verbesserung Ihres Wohlbefindens zu suchen.

Wir möchten Ihnen für Ihr Engagement danken, dieses Buch zu lesen und sich auf die Reise zur Verbesserung Ihres seelischen Wohlbefindens zu begeben. Wir hoffen aufrichtig, dass die Informationen und Ratschläge, die wir

Ihnen zur Verfügung gestellt haben, hilfreich waren und Ihnen eine bessere Grundlage bieten, um mit Depression und Angst umzugehen.

Unsere Dankbarkeit gilt auch allen Fachleuten und Forschern auf dem Gebiet der psychischen Gesundheit, die kontinuierlich daran arbeiten, unser Verständnis für diese Themen zu vertiefen und wirksamere Behandlungen zu entwickeln.

Abschließend möchten wir Sie ermutigen, weiterhin nach Unterstützung zu suchen, sei es bei Therapeuten, Ärzten oder in Selbsthilfegruppen. Sie sind nicht allein auf diesem Weg, und es gibt Menschen und Ressourcen, die Ihnen helfen können. Wir wünschen Ihnen alles Gute auf Ihrem Weg zu mehr seelischem Wohlbefinden und einer positiveren Zukunft.

"Große Geister sind immer auf heftigen Widerstand von mittelmäßigen Köpfen gestoßen." - Albert Einstein